GOLDMANN

Buch

Phyllis Nirdlinger ist schön, kalt und berechnend – auf den Versicherungsagenten Walter Huff übt sie einen unheilvollen, aber unentrinnbaren Sog aus. Sie verführt ihn zu einem mörderischen Plan: Bei einem Eisenbahnunfall soll ihr Mann ums Leben kommen und so den Weg freimachen für ihre Liebe – versüßt durch 50 000 Dollar aus der Unfallversicherung. Alles scheint glattzugehen – nur eines haben die beiden außer acht gelassen: die Macht der Gefühle...
»Double Indemnity« entstand 1936 und war bei Publikum und Kritik ein überwältigender Erfolg. Der Roman gilt zusammen mit »The Postman Always Rings Twice« als Hauptwerk Cains. Das atemberaubende Tempo, die lakonische Sprache und die suggestive Atmosphäre machen »Double Indemnity« zu einem Meisterwerk des Kriminalromans.

Autor

James M. Cain, 1892 in Annapolis, Maryland, geboren, war Journalist, bevor er zu Beginn der dreißiger Jahre mit seinen literarischen Arbeiten bekannt wurde. In konsequenter Weiterführung der Erzählformen Hemingways perfektionierte er seine ihm eigene literarische Form. »Niemand hat je so geschrieben wie Cain, Hemingway nicht und nicht mal Raymond Chandler. Cain ist ein Meister des Tempowechsels« (Tom Wolfe). Cain schrieb zahlreiche Romane, Erzählungen und Drehbücher. Er starb im Jahr 1977.

Von James M. Cain außerdem
im Goldmann Verlag:

Zarte Hände hat der Tod. 6243
Die Frau des Magiers. 5092 (Oktober 89)

JAMES M. CAIN

DOPPELTE ABFINDUNG

Double Indemnity

Aus dem Amerikanischen
von Sabine Hübner

GOLDMANN VERLAG

Neuübersetzung des bereits unter dem Titel
»Den Haien zum Fraß«
erschienenen Romans.
Die Übersetzung folgt der Taschenbuchausgabe
von Vintage Books, New York 1978.

Der Goldmann Verlag
ist ein Unternehmen der Verlagsgruppe Bertelsmann

Made in Germany · 6/89 · 1. Auflage

Umschlaggestaltung: Design Team München
Umschlagillustration: Tilman Michalski, München
Satz: Uhl + Massopust, Aalen
Druck: Elsnerdruck, Berlin
Krimi 5084
Lektorat: Ulrich Genzler
Herstellung: Sebastian Strohmaier
ISBN 3-442-05084-7

1

Ich fuhr raus nach Glendale, um für eine Brauerei drei neue Lastwagenfahrer in die Firmenversicherung aufzunehmen, und da fiel mir diese fällige Verlängerung drüben in Hollywood ein. Ich beschloß rüberzufahren. So kam ich in dieses Haus des Todes, von dem Sie in der Zeitung gelesen haben. Auf mich wirkte es damals allerdings nicht wie ein Haus des Todes. Es war einfach ein spanisches Haus, wie alle anderen in Kalifornien, mit weißen Wänden, rotem Ziegeldach und einem Innenhof auf einer Seite. Es war schief gebaut. Die Garage befand sich unter dem Haus, über ihr das Erdgeschoß, und der Rest war den Berg hinaufverstreut, wie sich's gerade machen ließ. Den Eingang erreichte man über ein paar Stufen, also parkte ich den Wagen und ging hinauf. Eine Hausangestellte streckte den Kopf heraus.

»Ist Mr. Nirdlinger da?«

»Ich weiß nicht, Sir. Wer möchte ihn denn sprechen?«

»Mr. Huff.«

»Und um was geht es?«

»Persönlich.«

Überhaupt erst mal reinzukommen ist der kniffligste Teil meines Jobs, und man rückt mit seinem Anliegen nicht heraus, bevor man nicht an der richtigen Adresse ist.

»Bedauere, Sir, aber ich darf niemanden hereinbitten, wenn er nicht sagt, was er möchte.«

Das war eine dieser Zwickmühlen, in die man manchmal gerät. Wenn ich jetzt noch etwas von »persönlich« sagte, hätte es wie Geheimniskrämerei ausgesehen, und das ist schlecht. Wenn ich sagte, was ich wirklich wollte, dann konnte genau das eintreten, was jeder Versicherungsagent fürchtet, daß sie nämlich zurückkam und mir mitteilte: »Nicht da.« Wenn ich sagte, ich würde warten, dann gab ich mir den Anschein von Bescheidenheit, und das ist einem Verkauf noch nie förderlich gewesen. Um das Zeug an den Mann zu bringen, muß man erst mal reinkommen. Wenn man dann drin ist, müssen sie einem zuhören, und man kann einen Vertreter ziemlich exakt danach beurteilen, wie schnell er auf dem Familiensofa sitzt, auf der einen Seite neben sich seinen Hut, auf der anderen seine Unterlagen.

»Verstehe. Ich habe Mr. Nirdlinger gesagt, ich würde vorbeikommen, aber – macht nichts. Ich werde schauen, ob ich ein andermal kommen kann.«

In gewisser Weise stimmte das auch. Bei diesen Kfz-Sachen macht man es sich zur Regel, daß man an eine Verlängerung erinnert, aber ich hatte Mr. Nirdlinger jetzt ein Jahr lang nicht aufgesucht. Trotzdem tat ich so, als sei ich ein alter Freund, und zwar ein alter Freund, der über den Empfang, der ihm da bereitet wird, nicht gerade erfreut ist. Es klappte. Ihre Miene wurde besorgt. »Na ja – kommen Sie doch bitte herein.«

Hätte ich diese Energie auf den Versuch verwandt, draußen zu bleiben, dann hätte mir das vielleicht etwas gebracht.

Ich warf meinen Hut aufs Sofa. Es hat viel Aufhebens um dieses Wohnzimmer gegeben, vor allem um diese »blutroten

Vorhänge«. Ich sah damals nur ein Wohnzimmer wie jedes andere kalifornische Wohnzimmer auch, vielleicht ein bißchen teurer eingerichtet als manche andere, aber nichts, das nicht jedes Kaufhaus morgens mit einer einzigen Lastwagenfuhre anliefern könnte und für das nicht am selben Nachmittag die Kreditbestätigung der Bank vorliegen würde. Es waren spanische Möbel, hübsch, aber reichlich unbequem. Auf dem Boden lag einer von diesen Drei-auf-fünf-Meter-Teppichen, die mexikanisch wären, wenn sie nicht in Oakland, Kalifornien, hergestellt würden. Die blutroten Vorhänge gab es tatsächlich, aber sie hatten keinerlei Bedeutung. All diese spanischen Häuser haben rote Samtvorhänge an Eisenstangen, und normalerweise dazu passende Wandteppiche aus rotem Samt. Es war ganz genau dieser Stil: Über dem Kamin hing ein Wandbehang mit einem Wappenschildmotiv und über dem Sofa ein Wandbehang mit einem Schloßmotiv. Die beiden anderen Seiten des Raums nahmen die Fenster und der Eingang zur Halle ein.

»Ja?«

Da stand eine Frau. Ich hatte sie nie zuvor gesehen. Sie war vielleicht einunddreißig oder zweiunddreißig, hatte ein nettes Gesicht, hellblaue Augen und sandfarbenes Haar. Sie war klein, trug einen blauen Hausanzug und wirkte irgendwie erschöpft.

»Ich wollte zu Mr. Nirdlinger.«

»Mr. Nirdlinger ist gerade nicht da, aber ich bin Mrs. Nirdlinger. Kann ich irgend etwas für Sie tun?«

Mir blieb nichts anderes übrig, als damit herauszurücken. »Na ja, nein, ich glaube nicht, Mrs. Nirdlinger, trotzdem vielen Dank. Mein Name ist Huff, Walter Huff, von der

General Fidelity of California. Mr. Nirdlingers Kfz-Police wird in ein bis zwei Wochen auslaufen, und weil ich ihm versprochen habe, ihn daran zu erinnern, dachte ich, ich schau mal vorbei. Aber natürlich wollte ich nicht Sie damit behelligen.«

»Kfz-Police?«

»Versicherung. Es war natürlich ein gewisses Risiko, tagsüber hier heraufzukommen, aber ich war zufällig in der Gegend und da dachte ich, es könne nichts schaden. Was meinen Sie, welche Zeit wäre günstig, um Mr. Nirdlinger zu sprechen? Meinen Sie, er könnte gleich nach dem Dinner ein paar Minuten für mich erübrigen, damit ich ihm nicht den Abend wegnehme?«

»Um was für eine Versicherung handelt es sich denn? Ich sollte es eigentlich wissen, aber ich habe mich nie darum gekümmert.«

»Wahrscheinlich kümmert sich keiner von uns darum, bis etwas passiert. Das Übliche, Kasko, Feuer und Diebstahl – und Haftpflicht.«

»Ach ja, natürlich.«

»Es ist nur eine Routinesache, aber er sollte sich rechtzeitig darum kümmern, damit er versichert ist.«

»Es ist eigentlich nicht meine Sache, aber ich weiß, daß er mal über den Automobilclub nachgedacht hat. Über die Versicherung dort, meine ich.«

»Ist er denn Mitglied?«

»Nein. Er hat immer vorgehabt, einzutreten, aber irgendwie hat er es nie geschafft. Aber der Vertreter vom Club war da, und der hat die Versicherung erwähnt.«

»Etwas Besseres als den Automobilclub gibt es nicht. Die

reagieren prompt, sind entgegenkommend, was die Ansprüche angeht, und höflich auf der ganzen Linie. Ich kann nichts dagegen sagen.«

Das ist eins der Dinge, die man lernt. Nie an dem, was der andere sagt, herumzukritisieren.

»Und es ist billiger.«

»Für Mitglieder.«

»Ich dachte, es könnten sich sowieso nur Mitglieder versichern.«

»Ich meine folgendes. Wenn man sowieso vorhat, dem Automobilclub beizutreten, wegen des Services in Notsituationen, bei Strafzetteln und so weiter, und dann auch noch eine Versicherung abschließt, kommt es billiger. Wennn man aber dem Club beitreten will, nur um versichert zu sein, dann wird es teurer, da man zusätzlich zur Versicherungsgebühr noch diese 16 Dollar Mitgliedsbeitrag zahlt. Wenn man das berücksichtigt, könnte ich Mr. Nirdlinger ein hübsches Sümmchen ersparen.«

Dann redete sie weiter, und mir blieb nichts anderes übrig, als weiter zuzuhören. Aber wenn man so vielen Leuten Versicherungen verkauft wie ich, geht man nicht mehr nach dem, was sie sagen. Man hat es im Gefühl, wie das Geschäft läuft. Und nach einer Weile war mir klar, daß diese Frau mit dem Automobilclub überhaupt nichts am Hut hatte. Ihr Mann vielleicht, aber sie nicht. Da gab es noch irgend etwas anderes, und das hier war reine Zeitschinderei. Ich dachte, es könne sich um eine Art Vorschlag handeln, die Provision aufzuteilen, so daß für sie vielleicht zehn Dollar heraussprangen, ohne daß der Mann etwas davon erfuhr. So was gibt es häufig. Und ich überlegte gerade, was ich ihr sagen würde. Ein

Vertreter, der etwas auf sich hält, läßt sich auf so etwas nicht ein, aber sie lief im Zimmer herum, und da sah ich etwas, das mir vorher nicht aufgefallen war. In diesem blauen Hosenanzug steckte eine Figur, die einen Mann um den Verstand bringen konnte, und wie überzeugend sich das anhören würde, wenn ich jetzt mit meinem Vortrag über die hohe Moral des Versicherungsgeschäfts loslegte, wußte ich noch nicht genau.

Aber dann sah sie mich plötzlich an, und mir lief ein Schauer über den Rücken bis hinauf in die Haarwurzeln. »Kann man bei Ihnen auch Unfallversicherungen abschließen?«

Mag sein, daß Ihnen das nicht das gleiche sagt wie mir. Nun ja, erstens werden Unfallversicherungen ver- und nicht gekauft. Nachfrage besteht nach anderen Versicherungen, Feuer, Einbruch, selbst nach Lebensversicherungen, aber niemals nach Unfallversicherungen. Hier bewegt sich nur etwas, wenn der Vertreter es bewegt, und es klingt komisch, wenn jemand danach fragt. Zweitens ist es so, daß bei irgendwelchen schmutzigen Plänen immer als erstes an einen Unfall gedacht wird. Dollar um Dollar bar auf den Tisch ist die Schadensersatzsumme bei einer Unfallversicherung größer als bei allen anderen Versicherungsarten. Und außerdem ist es die einzige Art von Versicherung, die man abschließen kann, ohne daß der Versicherte davon weiß. Bei einer Unfallversicherung findet keine medizinische Untersuchung statt. In diesem Fall geht es nur um das Geld, und es läuft heutzutage manch einer herum, der seinen Lieben tot mehr wert ist als lebendig, nur daß er es noch nicht weiß.

»Bei uns kann man jede Art von Versicherung abschließen.«

Sie kam wieder auf den Automobilclub zu sprechen, und ich versuchte dauernd, meinen Blick von ihr abzuwenden, schaffte es aber nicht. Dann setzte sie sich hin. »Soll ich über diese Sache einmal mit meinem Mann reden, Mr. Huff?«

Warum wollte sie denn selbst mit ihm über eine Versicherung reden, statt mir das zu überlassen? »Das wäre nett von Ihnen, Mrs. Nirdlinger.«

»Es würde Zeit sparen.«

»Zeit spielt dabei eine wichtige Rolle. Er sollte sich sofort darum kümmern.«

Aber dann ließ sie mich auflaufen: »Wenn ich mich mit ihm unterhalten habe, dann können Sie mit ihm sprechen. Könnten Sie morgen abend kommen? Sagen wir halb acht? Dann haben wir schon gegessen.«

»Morgen abend ginge es bei mir ausgezeichnet.«

»Ich erwarte Sie.«

Als ich in den Wagen stieg, hätte ich mich am liebsten geohrfeigt, weil ich mich nur wegen des Seitenblicks einer Frau wie ein Dummkopf benommen hatte. Im Büro erfuhr ich, daß Keyes nach mir gefragt hatte. Keyes ist der Chef der Schadensabteilung, und mit ihm geschäftlich zu tun zu haben ist das Ermüdendste, was man sich vorstellen kann. Man kann nicht mal sagen, daß heute Dienstag sei, und schon muß er im Kalender nachschauen, und dann muß er nachprüfen, ob es der Kalender von diesem oder letztem Jahr ist, und dann muß er nachschauen, welche Firma den Kalender gedruckt hat, und dann muß er nachschauen, ob ihr Kalender mit dem World-Almanach-Kalender übereinstimmt. Man sollte meinen, daß Keyes durch diese Unmenge überflüssiger Arbeit sein Gewicht hält, aber das stimmt nicht. Er wird von Jahr zu

Jahr fetter und mürrischer, befindet sich ständig mit anderen Abteilungen der Firma im Clinch und sitzt dauernd herum, mit offenem Kragen, und schwitzt und streitet und diskutiert, bis sich einem allein schon davon, daß man mit ihm im selben Zimmer hockt, der Kopf dreht. Aber wenn es um einen Fall von Betrug geht, ist er ein Fuchs.

Als ich hereinkam, stand er auf und brüllte los. Es ging um eine Lkw-Police, zu der ich vor etwa sechs Monaten etwas angemerkt hatte, und jetzt hatte der Typ seinen Lastwagen in Flammen aufgehen lassen und versuchte, die Versicherungssumme einzustreichen. Ich unterbrach Keyes ziemlich schnell.

»Wieso nörgeln Sie eigentlich an mir herum? Ich kann mich an den Fall erinnern. Und ich erinnere mich ganz genau daran, daß ich damals an dieses Antragsformular eine Notiz geheftet habe, und auf der stand, daß wir den Kerl gründlich überprüfen sollten, bevor wir das Risiko eingehen. Mir hat er nicht gefallen, und ich werde nicht –«

»Walter, ich nörgle ja gar nicht an Ihnen herum! Ich weiß, daß Sie damals sagten, wir sollten ihn überprüfen. Ihre Notiz liegt hier vor mir auf dem Schreibtisch. Das war es, was ich Ihnen sagen wollte. Wenn andere Abteilungen dieser Firma auch nur halb soviel Verstand hätten, wie Sie –«

»Oh.«

Das sah Keyes ähnlich, daß er einen, selbst wenn er etwas Freundliches sagen wollte, erst mal verärgern mußte.

»Und stellen Sie sich vor, Walter! Sogar nachdem sie die Police ausgestellt hatten, in glatter Mißachtung Ihrer Warnung, und sogar obwohl ihnen diese Warnung immer noch vorlag, vorgestern, als der Lastwagen in Flammen aufging –

sogar dann hätten sie die Summe noch ausbezahlt, wenn ich nicht heute nachmittag einen Abschleppwagen hochgeschickt, den Lastwagen aus dem Graben gezogen und ein Häufchen Späne unter dem Motor gefunden hätte, was bewies, daß er das Feuer selbst gelegt hatte.«

»Haben Sie ihn gekriegt?«

»O ja, er hat es schon zugegeben. Morgen früh legt er ein offizielles Geständnis ab, und damit ist die Sache erledigt. Was ich aber sagen will: Wenn *Sie* Verdacht schöpfen konnten, einfach dadurch, daß Sie sich diesen Mann angesehen haben, warum dann nicht auch die –! Na ja, was soll's? Ich wollte nur, daß Sie es wissen. Ich schicke Norton eine diesbezügliche Notiz. Das ist meiner Ansicht nach etwas, das sich der Direktor dieser Firma ruhig mal ansehen könnte. Obwohl der Direktor dieser Firma, wenn Sie mich fragen, wirklich mehr...«

Er brach ab, und ich drang nicht weiter in ihn. Keyes war ein Relikt aus der Zeit des alten Norton, des Firmengründers, und hielt nicht viel vom jungen Norton, der das Geschäft nach dem Tod seines Vaters übernommen hatte. Seiner Darstellung nach machte der junge Norton alles falsch, und alle Firmenmitarbeiter befürchteten ständig, Keyes werde sie in diese Fehde mit hineinziehen. Wenn der junge Norton der Mann war, mit dem wir es zu tun hatten, dann war er eben der Mann, mit dem wir es zu tun hatten, und es hatte keinen Sinn, daß wir uns wegen Keyes mit ihm anlegten. Ich verzog bei Keyes Stichelei keine Miene. Ich wußte nicht einmal, wovon er redete.

Als ich in mein Büro zurückkam, war Nettie, meine Sekretärin, gerade im Aufbruch. »Gute Nacht, Mr. Huff.«

»Gute Nacht, Nettie.«

»Ach ja – ich habe Ihnen einen Notizzettel auf den Schreibtisch gelegt, wegen einer Mrs. Nirdlinger. Sie hat vor etwa zehn Minuten angerufen und gesagt, daß es nicht passen würde, wenn Sie morgen abend wegen der Verlängerung vorbeikämen. Sie hat gesagt, sie würde Ihnen mitteilen, wann Sie kommen können.«

»Oh, danke.«

Sie ging, und ich stand da und sah auf den Zettel hinunter. Mir fuhr der Gedanke durch den Kopf, welche Art von Warnung ich wohl *diesem* Formular beiheften würde, wenn und falls ich es bekam.

Wenn ich überhaupt eine beiheftete.

2

Drei Tage später rief sie an und ließ mir ausrichten, daß ich um halb vier kommen solle. Sie öffnete mir selbst die Tür. Diesmal trug sie nicht den blauen Hosenanzug, sondern einen weißen Matrosenanzug, eine Bluse, die über den Hüften spannte, und weiße Schuhe und Strümpfe. Ich war nicht der einzige, der wußte, was für eine Figur sie hatte. Sie selbst wußte es auch sehr genau. Wir gingen ins Wohnzimmer, wo ein Tablett auf dem Tisch stand. »Belle hat heute frei, und ich mache mir gerade Tee. Leisten Sie mir Gesellschaft?«

»Danke, nein, Mrs. Nirdlinger. Ich bleibe nur ganz kurz. Das heißt, falls Mr. Nirdlinger sich zur Verlängerung entschlossen hat. Davon bin ich eigentlich ausgegangen, als Sie mich kommen ließen.« Wie mir nämlich plötzlich klar wurde, überraschte es mich gar nicht, daß Belle frei hatte und daß sie sich gerade selbst Tee kochte. Ich wollte hier weg, ob ich die Verlängerung nun mitnahm oder nicht.

»Ach, trinken Sie doch eine Tasse Tee mit. Ich mag Tee. Das lockert den Nachmittag auf.«

»Sie sind bestimmt Engländerin.«

»Nein, gebürtige Kalifornierin.«

»Davon trifft man nicht viele.«

»Die meisten Kalifornier stammen aus Iowa.«

»Ich auch.«

»Na so was.«

Der weiße Matrosenanzug entschied. Ich setzte mich. »Zitrone?«

»Nein danke.«

»Zwei?«

»Kein Zucker, ohne alles.«

»Kein Freund von Süßem?«

Als sie mich anlächelte, konnte ich ihre Zähne sehen. Sie waren groß und weiß und vielleicht ein kleines bißchen zu kräftig.

»Ich habe geschäftlich viel mit Chinesen zu tun. Sie haben mich von der amerikanischen Art, Tee zu trinken, weggebracht.«

»Ich liebe alles Chinesische. Jedesmal wenn ich ein Chowmein koche, kaufe ich alle Zutaten im gleichen Laden in der Nähe des Parks. Mr. Ling. Kennen Sie ihn?«

»Schon seit Jahren.«

»Ach *wirklich*!«

Sie runzelte die Stirn, und ich sah, daß sie doch nichts Erschöpftes an sich hatte. Dieser Eindruck kam von einem Schleier aus Sommersprossen auf ihrer Stirn. Sie merkte, daß ich sie anschaute. »Ich glaube, Sie schauen meine Sommersprossen an.«

»Ja, sie gefallen mir.«

»Mir nicht.«

»Mir schon.«

»Ich habe mir früher immer einen Turban um die Stirn gebunden, wenn ich in die Sonne ging, aber es blieben so viele Leute stehen und wollten, daß ich ihnen ihre Zukunft vorhersage, daß ich damit aufhören mußte.«

»Sie sagen einem also nicht die Zukunft voraus?«

»Nein, das ist eine kalifornische Fähigkeit, die ich nie erlernt habe.«

»Jedenfalls gefallen mir die Sommersprossen.«

Sie setzte sich neben mich, und wir unterhielten uns über Mr. Ling. Mr. Ling war bloß ein chinesischer Lebensmittelhändler, der nebenbei eine Stelle im Rathaus hatte, und den wir jedes Jahr für 2500 Dollar versichern mußten, aber Sie wären überrascht, zu was für einem Mordskerl er sich in unserem Gespräch mauserte. Nach einer Weile kam ich jedoch auf die Versicherung zu sprechen. »Also, was ist nun mit diesen Policen?«

»Er redet zwar immer noch vom Automobilclub, aber ich denke schon, daß er bei Ihnen verlängern wird.«

»Das freut mich.«

Sie saß eine Weile da und war damit beschäftigt, kleine Falten in ihre Bluse zu machen und sie wieder zu glätten. »Aber von der Unfallversicherung habe ich ihm nichts gesagt.«

»Nein?«

»Ich mag darüber nicht mit ihm reden.«

»Das kann ich verstehen.«

»Ich finde es schrecklich, ihm zu sagen, daß Sie ihm zu einer Unfallversicherung raten. Und doch – sehen Sie, mein Mann vertritt in Los Angeles die Western Pipe and Supply Company.«

»Er arbeitet doch im Petroleum Building, nicht wahr?«

»Dort hat er sein Büro. Aber die meiste Zeit ist er auf den Ölfeldern.«

»Ganz schön gefährlich, sich dort herumzutreiben.«

»Es macht mich ganz krank, wenn ich daran denke.«

»Hat ihn seine Firma irgendwie versichert?«

»Nicht daß ich wüßte.«

»In diesem Beruf sollte man kein Risiko eingehen.«

Und dann beschloß ich, herauszukriegen, woran ich war, auch wenn mir ihre Sommersprossen noch so sehr gefielen. »Hören Sie, wie fänden Sie es, wenn ich mich mal mit Mr. Nirdlinger darüber unterhalten würde? Wissen Sie, ich würde nicht sagen, woher die Idee stammt, sondern es nur einfach mal zur Sprache bringen, wenn ich ihn sehe.«

»Es ist einfach *furchtbar* für mich, mit ihm darüber zu reden.«

»Ich sagte Ihnen doch, daß *ich* mit ihm sprechen werde.«

»Aber dann wird er mich fragen, was ich davon halte, und – ich werde nicht wissen, was ich sagen soll. Es macht mich ganz krank!«

Sie machte noch ein paar Falten. Und dann, nach einer langen Pause, kam es schließlich. »Mr. Huff, wäre es möglich, daß *ich* eine Versicherung für ihn abschließe, ohne ihn damit zu behelligen? Ich habe ein kleines Taschengeld. Ich könnte es bezahlen, er würde nichts davon erfahren, und trotzdem wäre ich diese Sorge los.«

Es konnte für mich kein Zweifel bestehen, was sie meinte, nicht nach fünfzehn Jahren im Versicherungsgeschäft. Ich drückte meine Zigarette aus und wollte aufstehen und gehen. Ich wollte hier raus und diese Verlängerungen und alles, was mit ihr zu tun hatte, fallenlassen wie ein heißes Eisen. Aber ich tat es nicht. Sie sah mich an, etwas überrascht, und ihr Gesicht war etwa einen halben Meter von mir entfernt. Ich tat folgendes: Ich legte den Arm um sie, zog ihr Gesicht an meines und küßte sie auf den Mund, heftig. Ich zitterte wie

Espenlaub. Zuerst starrte sie mich kalt an, dann schloß sie die Augen, zog mich an sich und erwiderte meinen Kuß.

»Ich habe Sie schon die ganze Zeit gemocht.«

»Das glaube ich nicht.«

»Ich habe Sie doch zum Tee eingeladen! Ich habe Sie doch herkommen lassen, als Belle frei hatte! Ich mochte Sie von der ersten Minute an. Es gefiel mir, wie Sie die ganze Zeit so ernsthaft über Ihre Firma gesprochen haben und all das. Deshalb habe ich Sie auch dauernd mit dem Automobilclub aufgezogen.«

»Ach, deshalb also.«

»Jetzt wissen Sie es.«

Ich zerwühlte ihr Haar, und dann machten wir zu zweit ein paar Falten in ihre Bluse. »Sie machen Sie nicht gleichmäßig, Mr. Huff.«

»Ist das etwa nicht gleichmäßig?«

»Die unteren sind größer als die oberen. Man muß immer gerade so viel Stoff auf einmal nehmen, dann umknicken und zusammendrücken, dann gibt es hübsche Falten. Sehen Sie?«

»Ich werde versuchen, den Dreh rauszukriegen.«

»Aber nicht jetzt. Sie müssen gehen.«

»Sehe ich Sie bald?«

»Vielleicht.«

»Hören Sie, ich *werde* Sie bald sehen.«

»Belle hat nicht jeden Tag frei. Ich lasse es Sie dann wissen.«

»Na gut – *bestimmt*?«

»Aber *Sie* rufen mich nicht an. Ich lasse es Sie dann wissen. Das verspreche ich Ihnen.«

»Na gut. Noch ein Kuß zum Abschied.«

»Wiedersehen.«

Ich wohne in einem Bungalow in den Los Feliz Hills. Tagsüber habe ich einen philippinischen Hausboy, aber er schläft nicht bei mir. An jenem Abend regnete es, deshalb ging ich nicht weg. Ich machte Feuer und saß da und versuchte herauszukriegen, woran ich war. Natürlich wußte ich genau, woran ich war. Ich war kurz davor, eine abgrundtiefe Dummheit zu begehen, und sagte mir die ganze Zeit, ich müsse weg, und zwar schnell, und dürfe nie wieder herkommen. Aber Worte sind eines und Taten etwas anderes. In Wirklichkeit spähte ich dauernd in diesen Abgrund hinab, und immer wenn ich versuchte, mich zurückzuziehen, rückte irgend etwas in mir noch ein bißchen näher an den Abgrund und versuchte, einen besseren Ausblick zu bekommen.

Kurz vor neun läutete es. Ich wußte gleich, wer es war. Sie stand da in einem Regenmantel und einer kleinen Gummibademütze, und auf ihren Sommersprossen glänzten Regentropfen. Als ich sie von ihrem Mantel befreit hatte, sah ich, daß sie Pullover und Hosen trug, einfach nur so ein dummer Hollywoodaufzug, aber an ihr sah es anders aus. Ich führte sie zum Feuer, und sie setzte sich. Ich setzte mich neben sie.

»Wie haben Sie denn meine Adresse herausgekriegt?« Sogar in dieser Situation wurde mir plötzlich ganz klar, daß ich nicht wollte, daß sie mein Büro anrief, um sich über mich zu erkundigen.

»Telefonbuch.«

»Oh.«

»Überrascht?«

»Nein.«

»Na, das gefällt mir. Soviel Selbstgefälligkeit ist mir wirklich noch nie untergekommen.«

»Ihr Mann ist nicht zu Hause?«

»Long Beach. Sie machen ein neues Bohrloch. Drei Schichten. Da mußte er hin, und ich bin zum Bus gerannt. Ich finde, Sie könnten eigentlich sagen, daß Sie sich freuen, mich zu sehen.«

»Tolle Gegend, Long Beach.«

»Lola hab ich gesagt, ich sei im Kino.«

»Wer ist Lola?«

»Meine Stieftochter.«

»Jung?«

»Neunzehn. Also, freuen Sie sich, mich zu sehen?«

»Na klar. Hören Sie mal – ich habe Sie doch schließlich erwartet!«

Wir sprachen davon, wie naß es draußen war und daß wir hofften, es würde keine Flut geben, wie an Silvester 1934, und daß ich sie im Wagen zurückbringen würde. Dann schaute sie eine Weile ins Feuer. »Ich hab heute nachmittag den Kopf verloren.«

»Nicht sehr.«

»Ein bißchen.«

»Tut's Ihnen leid?«

»Ein bißchen. Ich hab so was noch nie getan. Seit ich verheiratet bin. Deshalb bin ich jetzt gekommen.«

»Sie tun ja so, als sei wirklich was passiert.«

»Es ist auch etwas passiert. Ich habe den Kopf verloren. Ist das etwa nichts?«

»Na ja – und?«

»Ich wollte nur sagen –«

»Daß Sie es nicht wollten.«

»Nein. Ich habe es gewollt. Wenn ich es nicht gewollt hätte, hätte ich jetzt nicht herkommen müssen. Aber ich möchte Ihnen sagen, daß ich es nie wieder will.«

»Sind Sie sicher?«

»Ganz sicher.«

»Wir sollten abwarten.«

»Nein, bitte ... sehen Sie, ich liebe meinen Mann. In letzter Zeit mehr denn je.«

Darauf schaute ich eine Weile ins Feuer. Ich sollte aufhören, solange ich noch aufhören konnte, das wußte ich. Aber da war dieses Etwas in mir, es drängte mich noch näher an den Abgrund. Und dann spürte ich es wieder, daß sie nicht sagte, was sie meinte. Es war genau wie an jenem ersten Nachmittag: daß es neben dem, was sie sagte, noch irgend etwas anderes gab. Und ich mußte sie einfach zur Rede stellen.

»Warum gerade in letzter Zeit?«

»Ach – Sorgen.«

»Sie meinen, daß dort auf den Ölfeldern in einer regnerischen Nacht ein Block von einem Kran auf ihn herabfallen könnte?«

»Bitte, reden Sie nicht so.«

»Aber das stellen Sie sich doch vor.«

»Ja.«

»Das kann ich verstehen. Vor allem mit diesem Plan.«

»Ich verstehe nicht ganz, was Sie meinen. Was für ein Plan?«

»Na ja – genau das wird mit dem Block passieren.«

»Was denn?«

»Er wird auf ihn herabfallen.«

»Bitte, Mr. Huff, ich habe Sie doch gebeten, nicht so zu reden! Das ist wirklich nicht zum Lachen. Es macht mich krank vor Kummer... Wieso sagen Sie das eigentlich?«

»*Sie* werden einen Block auf ihn herunterfallen lassen.«

»Ich – *wie bitte*!«

»Na ja, vielleicht nicht gerade einen Block von einem Kran, wissen Sie. Aber irgend etwas. Irgend etwas, das zufällig – absichtlich auf ihn herabfällt, und dann wird er tot sein.«

Ich hatte genau ins Schwarze getroffen, und ihre Augen zuckten. Eine Minute verging, bevor sie wieder etwas sagte. Sie mußte Theater spielen und war völlig verblüfft und wußte jetzt nicht, wie sie es anfangen sollte.

»Soll das – ein Scherz sein?«

»Nein.«

»Das muß es aber sein. Oder Sie sind verrückt. Also – ich habe so was noch nie in meinem Leben gehört.«

»Ich bin nicht verrückt, und ich mache auch keine Witze. Und Sie haben von so etwas sehr wohl schon gehört, weil Sie nämlich, seit Sie mich kennen, an nichts anderes mehr gedacht haben, und deshalb sind Sie heute abend zu mir gekommen.«

»Ich bin nicht hergekommen, um mir solche Sachen anzuhören!«

»Okay.«

»Ich gehe jetzt.«

»Okay.«

»Und zwar sofort!«

»Okay.«

Bin ich also vom Rand des Abgrunds geflohen? Und habe ich ihr gründlich die Meinung gesagt, damit es kein Zurück mehr für uns gab? Nein. Aber versucht habe ich es. Ich bin nicht mal aufgestanden, als sie ging, habe ihr nicht in den Mantel geholfen und sie nicht zurückgefahren; ich habe sie behandelt wie eine streunende Katze. Dabei wußte ich die ganze Zeit, daß es am nächsten Abend immer noch regnen würde, daß in Long Beach immer noch Bohrungen stattfinden würden, daß ich wieder vor dem Kamin sitzen und es kurz vor neun an der Tür klingeln würde. Sie sprach kein Wort, als sie hereinkam. Wir saßen mindestens fünf Minuten schweigend beim Feuer. Dann fing sie an. »Wie konnten Sie gestern abend nur so etwas sagen?«

»Weil es einfach stimmt. Genau das werden Sie tun.«

»*Jetzt?* Nach dem, was Sie gesagt haben?«

»Ja, nach dem, was ich gesagt habe.«

»Aber – Walter, deswegen bin ich doch heute abend noch einmal gekommen. Mir ist inzwischen klargeworden, daß ich da ein paar Dinge gesagt habe, die Ihnen einen völlig falschen Eindruck vermitteln könnten. Irgendwie bin ich direkt froh, daß Sie mich gewarnt haben, denn ich hätte das ja auch zu jemand anderem sagen können, ohne zu wissen, wie man es – interpretieren könnte. Aber jetzt, da ich es weiß, müssen Sie mir einfach glauben, daß ich an so etwas nicht mehr denken werde. Nie mehr.«

Also hatte sie offenbar den ganzen Tag Blut und Wasser geschwitzt aus Angst, ich könnte ihren Mann warnen oder irgend etwas unternehmen. Aber ich ließ nicht locker. »Sie haben mich Walter genannt. Wie heißen Sie eigentlich?«

»Phyllis.«

»Phyllis, Sie glauben anscheinend, daß Sie es nicht tun werden, weil ich Sie belasten könnte. Aber Sie *werden* es tun, und ich werde Ihnen dabei helfen.«

»Sie!«

»Ja, ich.«

Ich hatte sie schon wieder verblüfft, aber diesmal versuchte sie erst gar nicht, Theater zu spielen. »Aber – ich könnte mir doch von niemandem helfen lassen! Das wäre doch – unmöglich!«

»Sie könnten sich von niemandem helfen lassen? Ich sag Ihnen mal was: Es wäre sogar besser für Sie, wenn Ihnen jemand helfen würde. Natürlich wäre es schön, es ganz alleine zu schaffen, ohne Mitwisser. Der einzige Haken dabei ist nur, daß es nicht geht. Nicht, wenn Sie es mit einer Versicherungsfirma aufnehmen wollen. Sie brauchen jemanden, der Ihnen hilft. Und zwar am besten jemanden, der sich auskennt.«

»Und wofür würden Sie das tun?«

»Erstens für Sie.«

»Und wofür noch?«

»Für Geld.«

»Sie würden also – Ihre Firma betrügen und mir helfen, meinetwegen und wegen des Geldes, das dabei rausspringen könnte?«

»So ist es. Und Sie sagen mir lieber genau, was Sie wollen, denn wenn ich mich mal darauf eingelassen habe, ziehe ich es bis zum Schluß durch, ohne Pannen. Aber ich muß wissen, wo ich stehe. Mit so etwas – spielt man nicht.«

Sie schloß die Augen, und dann begann sie zu weinen. Ich nahm sie in die Arme und tätschelte sie beruhigend. Nach diesem Gespräch war es irgendwie komisch, sie jetzt zu trösten wie ein Kind, das einen Penny verloren hat. »Bitte, Walter, hindern Sie mich daran. Wir können es nicht tun. Es ist der reine Wahnsinn.«

»Ja, es ist Wahnsinn.«

»Aber wir tun es doch. Das fühle ich irgendwie.«

»Ich auch.«

»Eigentlich habe ich ja gar keinen Grund. Er behandelt mich so gut, wie ein Mann eine Frau nur behandeln kann. Ich kann zwar nicht sagen, daß ich ihn liebe, aber er hat mir noch nie etwas getan.«

»Aber trotzdem werden Sie es tun.«

»Ja, Gott steh mir bei. Ich werde es tun.«

Sie hörte auf zu weinen und lag eine Weile in meinen Armen, ohne etwas zu sagen. Dann begann sie fast flüsternd:

»Er ist nicht glücklich. Es wird ihm bessergehen – wenn er tot ist.«

»So?«

»Das stimmt nicht, oder?«

»Aus seiner Sicht wohl kaum.«

»Ich weiß ja, daß es nicht stimmt. Ich sage mir ja selbst, daß es nicht stimmt. Aber da ist irgend etwas in mir, ich weiß nicht was. Vielleicht bin ich verrückt. Aber irgend etwas in mir liebt den Tod. Manchmal stelle ich mir vor, ich sei der Tod. Und würde in einem scharlachroten Mantel durch die Nacht schweben. Dann bin ich *so* schön. Und traurig. Und ich habe den brennenden Wunsch, alle Menschen in der Welt glücklich zu machen, indem ich sie dorthin bringe, wo ich bin, in die Nacht, weg von allen Sorgen, allem Elend... Walter, das ist ja so furchtbar daran. Ich weiß, daß es schrecklich ist. Ich sage mir ja selbst, daß es schrecklich ist. Aber *mir* kommt es nicht schrecklich vor. Mir kommt es so vor, als tue ich etwas – das für ihn wirklich das Beste ist, und er weiß es nur noch nicht. Verstehen Sie mich, Walter?«

»Nein.«

»Das würde niemand verstehen.«

»Aber wir werden es tun.«

»Ja, wir sind schon dabei.«

»Bis zum Ende.«

»Bis zum Ende.«

Ein oder zwei Abende später unterhielten wir uns dann so beiläufig darüber, als handele es sich um einen kleinen Ausflug ins Gebirge. Ich mußte herausbekommen, ob sie vielleicht schon alles durch irgendeine Dummheit vermasselt hatte. »Hast du ihm was davon gesagt, Phyllis? Von dieser Police?«

»Nein.«

»Absolut nichts?«

»Überhaupt nichts.«

»Na gut, wie willst du jetzt vorgehen?«

»Zuerst wollte ich die Versicherung abschließen.«

»Ohne sein Wissen?«

»Ja.«

»Lieber Himmel, die hätten dich fertiggemacht! Das überprüfen sie doch als erstes! Und was noch?«

»Er will einen Swimmingpool bauen. Im Frühling, draußen im Innenhof.«

»Und?«

»Ich dachte, man könnte es so aussehen lassen, als hätte er sich beim Tauchen den Kopf angeschlagen.«

»Kommt nicht in Frage! Das ist ja noch schlimmer!«

»Warum? So was kann doch passieren, oder?«

»Es hat keinen Zweck. Erstens hat vor fünf oder sechs Jahren irgend so ein Versicherungsheini in der Zeitung geschrieben, daß die meisten Leute in ihrer eigenen Badewanne verunglücken, und seit damals denkt man immer zuerst an Badewannen, Swimmingpools und Fischteiche. Wenn man ein Ding drehen will, meine ich. Zur Zeit gibt es hier in Kalifornien zwei solche Fälle. Bei keinem ist es mit rechten Dingen zugegangen, und wenn eine Versicherung mit im Spiel gewesen wäre, würden die Beteiligten am Galgen enden. Zweitens müßte man es bei Tag machen, und man kann nie wissen, wer einen vom nächsten Berg aus beobachtet. Außerdem ist es mit einem Swimmingpool wie mit einem Tennisplatz: Kaum hat man einen, wird er zu einer Gemeinschaftssache, und man muß jeden Moment damit rechnen, daß jemand vorbeischaut. Und schließlich wäre es so, daß man eine Gelegenheit abwarten müßte, und nicht im voraus bis auf die letzte Kommastelle planen könnte. Das mußt du dir merken, Phyllis. Drei Dinge spielen bei einem erfolgreichen Mord eine wesentliche Rolle.«

Das war mir einfach so herausgerutscht. Ich sah sie schnell an. Eigentlich hatte ich erwartet, daß sie zusammenzucken würde, aber sie beugte sich nur vor. In ihren Augen spiegelte sich das Feuer wie bei einem Panther. »Weiter. Ich höre.«

»Erstens, daß man einen Helfer hat ... Allein kommt man nicht ungestraft davon, es sei denn, man legt es geradezu darauf an, zu gestehen, um damit das ungeschriebene Gesetz oder dergleichen zu bestätigen. Man darf also nicht allein sein. Der zweite Punkt ist der Umstand, daß Zeit, Ort, Methode im voraus bekannt sind – und zwar uns, nicht ihm. Das dritte ist die Kühnheit. Das ist der Punkt, den alle Amateure übersehen. An die ersten beiden denken sie, manchmal. Aber an den dritten denkt nur ein Profi. Bei jedem Mord kommt ein Zeitpunkt, an dem nur noch Kühnheit hilft, warum, kann ich dir nicht sagen. Kennst du den perfekten Mord? Du meinst vielleicht, das sei die Tour mit dem Swimmingpool, und du wärst imstande, es so raffiniert zu machen, daß niemand draufkäme? Aber die würden in zwei Sekunden draufkommen, garantiert. In drei Sekunden hätten sie es bewiesen, und in vier Sekunden hättest du es gestanden, garantiert. Nein, so geht es nicht. Der perfekte Mord ist der, den der Gangster spontan begeht. Weißt du, wie Profis das machen? Zuerst suchen sie sich jemanden aus. Dann kaufen sie sich das Mädchen, mit dem er zusammenlebt. So gegen sechs Uhr abends kriegen sie einen Anruf von ihr. Sie geht in einen Drugstore, um sich einen Lippenstift zu kaufen, und ruft von dort an. Sie sagt, er werde abends mit ihr in einen Film gehen, und der laufe in dem und dem Kino. Dort würden sie gegen neun ankommen. Gut, das wären die beiden ersten Punkte. Sie haben jemanden, der ihnen hilft, und sie haben den Ort und den Zeitpunkt im voraus festgelegt. Gut, jetzt kommt der dritte Punkt. Sie fahren mit dem Wagen hin und parken auf der anderen Straßenseite. Sie lassen den Motor laufen und stellen einen Wachposten auf, der die enge Straße entlangschlendert. Irgendwann läßt er ein Taschentuch fallen und hebt es wieder auf. Das heißt, daß er kommt.

Sie verlassen den Wagen und gehen zum Kino. Sie kreisen ihn ein. Und genau da, mitten im Licht der Autoscheinwerfer, vor den Augen von ein paar hundert Zuschauern, geben sie's ihm. Er hat nicht die geringste Chance. Er wird von zwanzig Kugeln getroffen, aus vier oder fünf Maschinenpistolen. Er stürzt zu Boden, sie rennen zum Wagen, fahren weg – und jetzt versuch mal, die zu überführen. Sie haben sich im voraus um hieb- und stichfeste Alibis gekümmert, sie wurden nur eine Sekunde lang gesehen, und zwar von Leuten, die vor lauter Angst gar nicht mitgekriegt haben, was sich da abgespielt hat – es gibt überhaupt keine Möglichkeit, sie zu überführen. Die Polizei, die natürlich weiß, wer es war, hebt sie aus, dann kriegen sie die Wasserkur – und dann kommen sie vor Gericht und werden freigesprochen. Solche Typen werden nicht verurteilt. Die werden irgendwann von anderen Gangstern umgelegt. O ja, die verstehen was von ihrem Handwerk. Und wenn wir es schaffen wollen, müssen wir es genauso machen, und nicht wie dieser Schwachkopf aus der Nähe von San Francisco, der nach zwei Prozessen immer noch nicht frei ist.«

»Kühn sein also?«

»Kühn sein. Anders geht es nicht.«

»Aber wenn wir ihn erschießen, ist es doch kein Unfall.«

»Stimmt. Wir werden ihn ja auch nicht erschießen, aber ich möchte, daß du das Prinzip kapierst. Kühn sein. Das ist die einzige Chance.«

»Und wie?«

»Darauf komme ich noch. Und deine Idee mit dem Swimmingpool hat noch einen anderen Haken, daß nämlich nichts dabei herausspringt.«

»Aber sie müßten doch zahlen –«

»Ja, aber jetzt geht es darum, wieviel. Die wirklich großen Beträge bei Unfallversicherungen gibt es bei Zugunglücken. Die Versicherungen haben ziemlich schnell gemerkt, daß die augenscheinlichen Gefahrenpunkte, die Punkte, die die Leute für Gefahrenpunkte halten, gar keine sind. Ich meine folgendes: Die Leute glauben immer, ein Zug sei ein ziemlich gefährlicher Aufenthaltsort, oder jedenfalls haben sie das geglaubt, als Zugfahren noch etwas Ungewöhnliches war. Aber die Zahlen zeigen, daß in Zügen kaum jemand verletzt wird, geschweige denn zu Tode kommt. Deshalb gibt es bei Unfallversicherungspolicen eine Klausel, die sich für den, der die Versicherung abschließt, weil *er* ein bißchen Angst vor Zugreisen hat, ziemlich gut anhört, die Firma aber nicht viel kostet, weil sie weiß, daß er mit großer Sicherheit wohlbehalten ankommen wird. Bei Zugunglücken wird die doppelte Versicherungssumme gezahlt. Genau da sahnen wir ab. Du hattest irgendeine halbherzige Sache im Kopf, aber ich denk nicht dran, diese Idee gegen meine einzutauschen. Wenn alles klappt, kassieren wir 50 000 Dollar, und wenn wir es richtig anpacken, klappt das bestimmt, darauf kannst du dich verlassen.«

»Fünfzigtausend Dollar?«

»Nicht übel, was?«

»Mein Gott!«

»Ist doch 'ne tolle Sache, das muß ich schon selbst sagen. Schließlich war ich nicht umsonst so lange in der Branche tätig. Also hör zu, er weiß alles von der Police, und weiß doch gar nichts darüber. Er stellt einen Antrag, schriftlich, und stellt doch keinen Antrag. Er stellt mir selbst einen Scheck aus und tut es doch nicht. Ihm stößt ein Unfall zu, und doch stößt ihm keiner zu. Er besteigt den Zug und besteigt ihn doch nicht.«

»Wovon *redest* du bloß?«

»Das wirst du schon merken. Als erstes muß er diese Versicherung abschließen. Ich verkaufe sie ihm, kapiert? Nur, daß ich sie ihm nicht verkaufe. Jedenfalls nicht richtig. Ich lasse ihm die ganzen Sachen da, genau wie jedem anderen potentiellen Kunden auch. Und ich brauche Zeugen. Denk dran. Jemand muß mitkriegen, wie ich mich um ihn bemühe. Ich weise ihn darauf hin, daß er zwar vollen Versicherungsschutz für sein Auto hat, aber nicht für sich selbst. Und dann frage ich ihn, ob ein Mensch denn nicht mehr wert ist als sein Wagen. Ich –«

»Und wenn er abschließt?«

»Denkst du, er würde das? Er wird nicht abschließen. Ich kann ihn soweit bringen, daß er kurz davor steht, und ihn genau an diesem Punkt halten, das kannst du mir glauben. Wenn ich etwas bin, dann ein guter Vertreter. Aber – ich brauche Zeugen. Zumindest einen Zeugen.«

»Ich kümmere mich darum.«

»Vielleicht wäre es besser, wenn du irgendwelche Einwände machen würdest.«

»Gut.«

»Wenn ich mit dem Kfz-Kram anfange, bist du voll dafür, aber bei dieser Sache mit der Unfallversicherung packt dich das kalte Grausen.«

»Ich werde dran denken.«

»Und den Termin vereinbarst du möglichst schnell. Ruf mich an.«

»Morgen?«

»Gib mir den Termin telefonisch durch. Und denk dran, du brauchst einen Zeugen.«

»Es wird jemand da sein.«

»Bis morgen also. Ruf unbedingt an!«

»Walter – ich bin so aufgeregt. Mich nimmt das alles schrecklich mit.«

»Ich bin auch aufgeregt.«

»Küß mich.«

Sie halten mich für verrückt? Na gut, vielleicht bin ich's wirklich. Aber wenn Sie wie ich fünfzehn Jahre in diesem Beruf wären, dann würden Sie vielleicht auch verrückt. Sie glauben, das sei ein Beruf wie jeder andere, nicht wahr, vielleicht sogar ein bißchen besser, weil man Freund der Witwen, Waisen und Bedürftigen ist? Falsch. Es ist das größte Rouletterad, das Sie sich vorstellen können. Man glaubt es nicht, aber es ist so. Das reicht von der Art und Weise, wie sie bis zur letzten Kommastelle die Prozente ausrechnen, bis hin zu der Miene, mit der die Chips eingestrichen werden. Sie wetten, daß Ihr Haus abbrennen wird, die wetten dagegen, das ist alles. Sie werden dadurch getäuscht, daß Sie bei Abschluß der Wette ja nicht möchten, daß Ihr Haus abbrennt, und deshalb vergessen Sie, daß es sich um eine Wette handelt. Aber die lassen sich nicht davon täuschen. Für die ist eine Wette eine Wette, und eine Versicherungswette ist nichts anderes als jede andere Wette auch. Aber vielleicht kommt irgendwann ein Zeitpunkt, an dem jemand *will*, daß sein Haus abbrennt, weil das Geld mehr wert ist als das Haus. Und genau dann beginnt der Ärger. Die wissen ja, daß es eine Menge Leute gibt, die dieses Rouletterad gern manipulieren würden, und da schalten sie auf stur. Sie haben überall ihre Spürhunde, sie kennen alle betrügerischen Tricks, die es gibt, und wenn man sie schlagen will, sollte man seine Sache gut machen. Solange man ehrlich ist, werden sie lächelnd bezahlen, und vielleicht geht man sogar mit dem Gefühl nach Hause, es sei das reine Vergnügen gewesen. Aber machen Sie mal Ärger, dann werden Sie schon sehen.

Gut, ich bin Versicherungsagent. Ich bin bei diesem Spiel Croupier. Ich kenne alle ihre Tricks, ich liege nachts wach und denke mir Tricks aus, damit ich auf sie vorbereitet bin. Und eines Nachts denke ich mir dann einen Trick aus und komme auf den Gedanken, daß ich das Rouletterad doch auch selber manipulieren könnte, wenn ich nur draußen einen Komplizen hätte, der für mich den Einsatz macht. In Phyllis habe ich meine Komplizin gefunden. Es kommt Ihnen vielleicht komisch vor, daß ich einen Mann töten würde, nur um einen Haufen Chips einzustreichen, aber wenn Sie hinter diesem Rad stünden, statt davor, würden Sie es vielleicht nicht mehr so komisch finden. Ich hatte schon so viele abgebrannte Häuser, so viele Schrottautos gesehen, so viele Leichen mit blauen Löchern in den Schläfen, so viel Schreckliches, was Menschen getan hatten, um das Rad zu manipulieren, daß es mir gar nicht mehr wirklich vorkam. Wenn Sie das nicht verstehen, dann gehen Sie doch mal nach Monte Carlo oder in ein anderes großes Spielcasino, setzen sich an einen Tisch und beobachten das Gesicht des Mannes, der die kleine Elfenbeinkugel ins Rouletterad wirft. Und dann überlegen Sie nach einer Weile mal, wieviel es ihm ausmachen würde, wenn Sie jetzt hinausgingen und sich eine Kugel durch den

Kopf jagen würden. Vielleicht senkt er den Blick, wenn er den Schuß hört, aber es wäre ihm egal, ob Sie es überlebt hätten oder nicht. Er müßte nur nachsehen, ob Sie nicht Ihren Einsatz auf dem Tisch zurückgelassen haben, den er dann für Ihren Nachlaß einlösen müßte. Nein, er würde sich nicht darum kümmern. Da können Sie Gift drauf nehmen.

3

»Und dann möchte ich Sie noch auf etwas anderes aufmerksam machen, Mr. Nirdlinger. Ein besonderer Service, den wir seit letztem Jahr anbieten, ist unsere Kautionsgarantie. Wir überreichen Ihnen eine Karte, und im Falle eines Unfalls, bei dem Sie als Schuldiger gelten, oder irgendeines anderen Verkehrsdelikts, bei dem die Polizei Sie festnehmen will, brauchen Sie bloß diese Karte vorzuweisen, und sie bewirkt ihre sofortige Freilassung, wenn es sich um ein kautionsfähiges Delikt handelt. Die Polizei nimmt die Karte an sich, die uns zur Kautionszahlung verpflichtet, und Sie sind ein freier Mann, bis Ihr Fall vor Gericht kommt. Da das auch zu den Leistungen gehört, die der Automobilclub für Mitglieder bereithält, und Sie ja an den Automobilclub gedacht hatten –«

»In letzter Zeit eigentlich nicht mehr.«

»Na ja, warum schließen wir den Vertrag dann nicht gleich ab? Ich habe ziemlich genau ausgearbeitet, was wir für Sie tun können –«

»Ja, warum eigentlich nicht.«

»Wenn Sie also diese Antragsformulare unterzeichnen, haben Sie bereits Versicherungsschutz, bis in etwa einer Woche die neuen Policen ausgegeben werden, aber es ist nicht nötig, eine ganze Woche lang eine Zusatzversicherung zu bezahlen. Hier sind die Antragsformulare für Kasko, Feuer und Diebstahl, hier das Formular für Haftpflicht – und wenn es Ihnen nichts ausmacht, auch noch die beiden hier zu unterschreiben, das sind die Durchschläge für den Agenten. Ich brauche Sie für meine Akten.«

»Hier?«

»Direkt auf der gestrichelten Linie.«

Er war ein großer, klobiger Mann mit Brille, etwa so groß wie ich, und ich beeinflußte ihn genau nach meinen Vorstellungen. Sobald ich die Formulare hatte, kam ich auf die Unfallversicherung zu sprechen. Da er nicht sonderlich interessiert schien, ging ich ziemlich hart ran. Zwischendurch warf Phyllis ein, daß es ihr allein schon bei dem Gedanken an eine Unfallversicherung grause, und dann bearbeitete ich ihn weiter. Ich ging erst, nachdem ich ihn mit sämtlichen Argumenten für unsere Unfallversicherung bombardiert hatte, die einem Vertreter je eingefallen sind, und vielleicht sogar noch ein paar mehr. Er saß da, trommelte mit den Fingern auf die Armlehne seines Sessels und wünschte, ich würde endlich gehen.

Was mich störte, war aber etwas ganz anderes. Und zwar die Zeugin, für die Phyllis gesorgt hatte. Ich hatte gedacht, sie würde irgendeinen Freund der Familie zum Essen einladen, vielleicht eine Frau, die sie einfach einladen würde, zu bleiben, im Wohnzimmer, nachdem ich um halb acht aufgekreuzt war. Aber es kam anders. Sie hatte sich für ihre Stieftochter entschieden, ein hübsches Mädchen namens Lola. Lola wollte eigentlich weg, aber Phyllis hielt sie unter dem Vorwand zurück, sie müsse Wolle für einen Pullover aufwikkeln, den sie gerade strickte. Ich mußte sie mit einem Witz in die Unterhaltung einbeziehen, um sicherzustellen, daß sie sich später an unser Gespräch erinnerte, aber je mehr ich sie anschaute, desto weniger gefiel mir das. Daß ich da mit ihr zusammensitzen mußte und die ganze Zeit über wußte, was wir ihrem Vater antun wollten – damit hatte ich nicht gerechnet.

Und plötzlich hatte ich mich darauf eingelassen, sie mit hinunter zum Boulevard zu nehmen, damit sie ins Kino konnte. Ihr Vater brauchte heute abend noch einmal den Wagen, und das hieß, daß sie mit dem Bus fahren mußte, wenn ich sie nicht mitnahm. Ich wollte sie aber gar nicht mitnehmen. Ich wollte nichts mit ihr zu tun haben. Als aber ihr Vater sich an mich wandte, mußte ich es ihr ja anbieten. Sie rannte nach Hut und Mantel, und kurz darauf fuhren wir den Berg hinunter.

»Mr. Huff?«

»Ja?«

»Ich gehe gar nicht ins Kino.«

»Nein?«

»Ich treffe mich mit jemand. Vor dem Drugstore.«

»Ach.«

»Könnten Sie uns vielleicht beide mit runter nehmen?«

»Oh – natürlich.«

»Macht es Ihnen wirklich nichts aus?«

»Nein, gar nichts.«

»Und Sie werden mich nicht verraten? Aus bestimmten Gründen will ich nämlich nicht, daß sie es wissen. Daheim.«

»Nein, natürlich nicht.«

Vor dem Drugstore sprang sie hinaus und kam kurz darauf mit einem jungen Mann zurück, der draußen gewartet hatte. Sein Gesicht wirkte italienisch, und er sah ziemlich gut aus. »Mr. Huff, das ist Mr. Sachetti!«

»Sehr erfreut, Mr. Sachetti. Steigen Sie ein.«

Die beiden stiegen ein und grinsten sich an, und dann fuhren wir zum Boulevard hinunter.

»Wo soll ich euch rauslassen?«

»Ach, egal.«

»Paßt es bei Hollywood and Vine?«

»Prima!«

Ich setzte die beiden dort ab, und als Lola von draußen meine Hand nahm und sich bedankte, glänzten ihre Augen wie Sterne. »Lieb von Ihnen, daß Sie uns mitgenommen haben. Kommen Sie mal her, dann verrate ich Ihnen ein Geheimnis.«

»Ja?«

»Wenn Sie uns nicht mitgenommen hätten, hätten wir laufen müssen.«

»Und wie kommen Sie zurück?«

»Zu Fuß.«

»Brauchen Sie Geld?«

»Nein, mein Vater würde mich umbringen. Diese Woche hab ich schon mein ganzes Taschengeld verbraucht. Nein, vielen Dank. Und denken Sie dran – nichts verraten.«

»Beeilen Sie sich, es ist gerade grün.«

Ich fuhr nach Hause. Phyllis kam etwa eine halbe Stunde später. Sie summte ein Lied aus einem Nelson-Eddy-Film. »Hat dir mein Pullover gefallen?«

»Klar.«

»Ist die Farbe nicht hübsch? Altrosa habe ich noch nie getragen. Ich glaube, es steht mir.«

»Sieht bestimmt gut aus.«

»Wo hast du Lola rausgelassen?«

»Auf dem Boulevard.«

»Wo ist sie hingegangen?«

»Hab nicht drauf geachtet.«

»Hat irgend jemand auf sie gewartet?«

»Nicht daß ich wüßte. Warum?«

»Ach, nur so. Sie ist mal mit einem Jungen namens Sachetti gegangen. Ein gräßlicher Mensch. Sie darf sich nicht mehr mit ihm treffen.«

»Er war heute abend nicht da. Jedenfalls hab ich ihn nicht gesehen. Warum hast du mir nichts von ihr gesagt?«

»Na hör mal? Du wolltest doch einen Zeugen!«

»Ja, aber doch nicht sie!«

»Ist sie als Zeugin nicht genausogut wie jeder andere?«

»Schon, aber irgendwo gibt es doch eine Grenze, lieber Himmel! Die Tochter dieses Mannes, und wir benutzen sie auch noch als – na ja, als was wir sie eben benutzt haben.«

Ihr Gesicht nahm einen schrecklichen Ausdruck an, und ihre Stimme wurde glashart. »Was ist denn los? Willst du etwa abspringen?«

»Nein, aber du hättest wirklich jemand anderes nehmen können. Ich fahre sie da zum Boulevard hinunter, und dabei habe ich die ganze Zeit das hier in der Tasche.« Ich holte die Antragsformulare heraus und zeigte sie ihr. Eine dieser »Durchschläge für den Agenten« war ein undatiertes Formular für eine Personenunfallpolice über 25 000 Dollar, mit verdoppelter Versicherungssumme, auszuzahlen bei Invalidität oder Tod durch ein Zugunglück.

Es gehörte zum Spiel, daß ich Nirdlinger zwei- oder dreimal in seinem Büro aufsuchen mußte. Beim ersten Mal brachte ich ihm die Kautionsgarantie, drückte mich fünf Minuten herum, riet ihm, die Karte in seinem Wagen aufzubewahren und ging. Beim nächsten Mal überreichte ich ihm ein kleines ledernes Notizbuch, auf dem in Goldprägedruck sein Name stand; ein kleines Werbegeschenk für Versicherungsnehmer. Beim dritten Mal gab ich die Kfz-Police ab und nahm seinen Scheck mit: 79 Dollar 52 Cent. Als ich an jenem Tag ins Büro zurückkam, erfuhr ich von Nettie, daß in meinem Privatbüro jemand auf mich wartete. »Wer denn?«

»Eine Miss Lola Nirdlinger und ein Mr. Sachetti, glaube ich. Den Vornamen habe ich nicht verstanden.«

Als ich das Zimmer betrat, lachte sie. Ich merkte, daß sie mich mochte. »Überrascht es Sie, uns wiedersehen?«

»Ach, nicht besonders. Was kann ich für Sie tun?«

»Wir wollten Sie um einen Gefallen bitten. Aber Sie sind selbst dran schuld.«

»Wieso denn das?«

»Weil Sie neulich abends zu Vater sagten, er könne Geld auf seinen Wagen kriegen, wenn er welches braucht. Da wollten wir mal nachhaken. Oder jedenfalls Nino.«

Ich hatte etwas gegen die Konkurrenz unternehmen müssen, die uns der Automobilclub mit Wagenkrediten machte. Mitglieder können nämlich einen Kredit auf ihren Wagen aufnehmen, und mir blieb irgendwann auch nichts anderes mehr übrig, wenn ich ein Geschäft machen wollte. Also gründete ich eine kleine Finanzierungsgesellschaft, ließ mich zum Direktor machen und verbrachte dort ungefähr einen Tag pro Woche. Es hatte nicht das geringste mit der Versicherungsfirma zu tun, aber so konnte ich dieser ewigen Fragerei begegnen: »Leihen Sie Geld auf einen Wagen?« Ich hatte es

Nirdlinger gegenüber tatsächlich erwähnt, einfach im Verlauf des Verkaufsgesprächs, wußte aber nicht, daß sie aufgepaßt hatte. Ich sah Sachetti an. »Sie möchten sich also Geld auf Ihren Wagen leihen?«

»Ja, Sir.«

»Was für ein Wagen ist es denn?«

Er sagte es mir. Es war ein billiges Fabrikat.

»Eine Limousine?«

»Coupé.«

»Auf Ihren Namen zugelassen? Und bezahlt?«

»Ja, Sir.«

Ich mußte komisch dreingeschaut haben, denn plötzlich begann sie zu kichern. »Neulich abends konnte er nicht damit fahren. Er hatte kein Benzin mehr.«

»Ach so.«

Eigentlich wollte ich ihm weder Geld auf seinen Wagen leihen, noch sonst etwas für ihn tun. Ich wollte mit den beiden absolut nichts zu schaffen haben. Nachdem ich mir eine Zigarette angesteckt hatte, saß ich eine Weile da. »Sind Sie ganz sicher, daß Sie auf diesen Wagen Geld leihen möchten? Wenn Sie nämlich zur Zeit keine Arbeit haben, das heißt, wenn Sie nicht absolut sicher sind, daß sie es zurückzahlen können, dann ist das eine todsichere Methode, den Wagen loszuwerden. Die ganze Gebrauchtwagenbranche lebt von Leuten, die dachten, sie könnten ein kleines Darlehen zurückzahlen, und dann konnten sie's doch nicht.«

Sie sah mich sehr ernst an. »Bei Nino ist das etwas anderes. Er hat zwar keine Arbeit, aber er braucht dieses Darlehen nicht, um einfach Geld zu haben. Sehen Sie, er war die ganze Zeit mit seiner Doktorarbeit beschäftigt und –«

»Wo?«

»University of South Carolina.«

»Welches Fach?«

»Chemie. Wenn er erst mal seinen Doktor hat, dann bekommt er sicher Arbeit, das hat man ihm schon zugesagt, und es wäre doch schade, wenn ihm da eine wirklich gute Stelle entginge, nur weil er keinen Doktortitel hat. Aber dafür muß er seine Dissertation veröffentlichen und für alles mögliche bezahlen, zum Beispiel für sein Diplom, dafür braucht er das Geld. Er gibt es nicht für seinen Lebensunterhalt aus. Darum kümmern sich Freunde von ihm.«

Ich mußte es herausrücken, das war mir klar. Wenn mich Lolas Gegenwart nicht so nervös gemacht hätte, wäre ich vielleicht darum herumgekommen, aber jetzt wurde ich nur noch von dem Gedanken beherrscht, ja zu sagen und sie wegzuschicken. »Wieviel wollen Sie?«

»Er meinte, 250 Dollar würden reichen.«

»Aha, verstehe.«

Ich rechnete nach. Mit den anfallenden Unkosten waren es 285 Dollar, und das war für diesen Wagen irrsinnig viel. »Na ja – geben Sie mir ein oder zwei Tage Zeit. Ich denke, das läßt sich machen.«

Die beiden waren schon aus dem Zimmer, da steckte sie noch einmal den Kopf zur Tür herein. »Sie sind furchtbar nett zu mir. Ich weiß wirklich nicht, warum ich Ihnen dauernd auf die Nerven falle.«

»Ist schon gut, Miss Nirdlinger, ich bin ja froh –«

»Wenn Sie wollen, können Sie Lola zu mir sagen.«

»Danke, es wird mir stets ein Vergnügen sein, wenn ich Ihnen irgendwie helfen kann.«

»Das ist übrigens auch geheim.«

»Ja, ich weiß.«

»Ich bin Ihnen schrecklich dankbar, Mr. Huff.«

»Danke – Lola.«

Die Unfallversicherungspolice ging ein paar Tage später durch. Deswegen brauchte ich jetzt seinen Scheck, und zwar sofort, damit das Datum übereinstimmte. Verstehen Sie mich recht, ich wollte ihm diese Police nicht etwa vorbeibringen. Sie ging an Phyllis, und die würde sie später finden, in der Kassette in seinem Safe. Er würde gar nichts davon erfahren. Trotzdem brauchte ich seinen Scheck, über den exakten Betrag der Police, damit man später bei der Überprüfung seiner Kontrollabschnitte und stornierten Schecks sah, daß er selbst bezahlt hatte. Dies würde sich mit dem Formular in unseren Akten und mit meinen Besuchen in seinem Büro decken, falls man mich in die Enge trieb.

Ich ging zu ihm, schloß die Tür zum Zimmer seiner Sekretärin und kam gleich zur Sache. »Mr. Nirdlinger, ich sitze in der Patsche und frage mich, ob Sie mir heraushelfen werden.«

»Na ja, mal sehen. Um was geht es denn?«

Er rechnete damit, daß ich ihn anpumpte, und ich wollte, daß er genau damit rechnete. »Es ist ziemlich schlimm.«

»Vielleicht sagen Sie mir mal, um was es geht?«

»Ich habe Ihnen für Ihre Versicherung zuviel berechnet. Für diese Kfz-Sache.«

Er brach in Gelächter aus. »Ist das alles? Ich habe gedacht, Sie wollten sich Geld von mir borgen!«

»O nein. Nichts dergleichen. Es ist viel schlimmer – von meinem Standpunkt aus.«

»Bekomme ich eine Rückvergütung?«

»Aber natürlich.«

»Dann ist es doch besser – von meinem Standpunkt aus.«

»So einfach geht das nicht. Das ist ja das Problem, Mr. Nirdlinger. In unserem Geschäft gibt es eine Kommission, die gegen Wuchertarife angeht und zum Schutz der Versicherungsnehmer da ist, und bei dieser Kommission bin ich unten durch. Weil es hier nämlich vor kurzem zur Regel gemacht wurde, daß *jeder* Fall, jeder Fall, wohlgemerkt, bei dem es sich um einen angeblichen Irrtum eines Vertreters handelt, untersucht werden muß, und Sie sehen, wo mich das hinbringt. Und Sie in gewisser Weise auch. Weil die mich dann nämlich fünfzehn verschiedenen Verhören unterziehen und herkommen und Sie belästigen, bis Sie nicht mehr wissen, wo Ihnen der Kopf steht. Und das alles nur, weil ich an jenem Abend bei Ihnen aus meinem Buch den falschen Tarif herausgesucht und das erst heute morgen bei der monatlichen Überprüfung meiner Geschäftsbücher bemerkt habe.«

»Und was kann ich für Sie tun?«

»Es gibt eine Möglichkeit, es in Ordnung zu bringen. Ihr Scheck wurde natürlich schon eingereicht, da kann man nichts mehr machen. Aber wenn ich Ihnen für diesen Scheck Bargeld geben könnte – 79 Dollar 52 Cent, ich hab sie hier bei mir – und Sie mir einen neuen Scheck über den korrekten Betrag ausstellen – 58 Dollar 60 Cent –, dann ist das ausgeglichen und es gibt nichts mehr zu untersuchen.«

»Wie meinen Sie das, ausgeglichen?«

»Na ja, sehen Sie, bei der Mehrfachbuchführung – o ja, das ist so kompliziert, daß ich nicht mal selbst weiß, ob ich es verstehe. Jedenfalls sagt mir das unser Kassenverwalter. So machen die ihre Buchführung.«

»Verstehe.«

Er schaute aus dem Fenster, und in seine Augen trat ein komischer Ausdruck. »Na ja – gut. Warum eigentlich nicht.«

Ich gab ihm das Geld und nahm den Scheck entgegen. Es war natürlich alles Quatsch. Wir haben zwar eine Kommission, aber die gibt sich nicht mit Irrtümern von Vertretern ab. Sie ist für die Regelung der Tarife zuständig. Ich weiß nicht mal, ob es so etwas wie eine Mehrfachbuchführung überhaupt gibt und habe mich noch nie mit unserem Kassenverwalter unterhalten. Ich dachte mir einfach, wenn ich einem Mann rund zwanzig Dollar biete, mit denen er nicht gerechnet hat, dann würde er nicht allzu lange nach dem Grund fragen. Ich ging zur Bank und reichte den Scheck ein. Ich wußte sogar, was er auf den Kontrollabschnitt geschrieben hatte. Einfach nur »Versicherung«. Ich hatte erreicht, was ich wollte.

Am Tag darauf kamen Lola und Sachetti wegen ihres Kredits vorbei. Als ich ihnen den Scheck aushändigte, vollführte Lola mitten im Zimmer einen kleinen Freudentanz. »Wollen Sie ein Exemplar von Ninos Dissertation?«

»Natürlich – das wäre wundervoll.«

»Sie heißt: ›Zum Problem der Kolloide bei der Ausschmelzung minderwertiger Golderze‹.«

»Ich freu mich schon darauf.«

»Lügner – Sie werden es ja gar nicht lesen!«

»Ich werde es soweit lesen, wie ich es verstehe.«

»Jedenfalls kriegen Sie ein Exemplar mit Widmung.«

»Danke.«

»Wiedersehen. Vielleicht haben Sie jetzt mal ein Weilchen Ruhe vor uns.«

»Vielleicht.«

4

Alles, was ich Ihnen bis jetzt erzählt habe, geschah Ende des Winters, ungefähr Mitte Februar. Natürlich unterscheidet sich der kalifornische Winter nicht von anderen Monaten, aber überall sonst wäre es jedenfalls Winter gewesen. Von da an kam ich den ganzen Frühling hindurch nicht mehr viel zum Schlafen – wer sich auf eine solche Sache einläßt, ohne jede Nacht x-mal aufzuwachen, weil er im Traum wegen irgend etwas erwischt worden ist, der hat bessere Nerven als ich. Dann gab es da einiges, zu dem uns nichts einfiel, zum Beispiel, wie wir ihn in den Zug kriegen sollten. Das war schwierig, und ohne eine gehörige Portion Glück hätten wir es vielleicht nie geschafft. Hier gibt's viele Leute, die noch nie einen Zug von innen gesehen haben, geschweige denn damit gefahren sind. Sie nehmen immer den Wagen. Genau das tat er auch, wenn er einmal verreiste. Und es bereitete uns ziemliches Kopfzerbrechen, wie wir ihn dieses eine Mal in einen Zug kriegen sollten. Wir hatten unerwartetes Glück mit einer Sache, die mich viel Schweiß gekostet hatte. Und zwar war das sein komischer Gesichtsausdruck, als er mir den Scheck gab. Irgend etwas steckte dahinter, das wußte ich, und wenn seine Sekretärin darüber informiert war, und vor allem dann, wenn er nach meinem Weggang irgendeinen Witz über 20 Dollar gemacht hatte, mit denen er nicht gerechnet hatte, dann stand ich später äußerst schlecht da, egal, welche Geschichte ich mir ausdachte. Aber es kam anders. Phyllis fand die Wahrheit heraus, und es verblüffte mich, wie gut sie in unser Konzept paßte. Er berechnete seine Kfz-Versicherung nämlich seiner Firma, unter Spesen, und seine Sekretärin hatte das gerade verbucht, als ich mit meinem Vorschlag ankam. Und außerdem konnte er, als er meine Bitte erfüllt hatte, immer noch seinen anullierten Scheck vorweisen, den ersten, meine ich. Er brauchte also nur der Sekretärin gegenüber den Mund zu halten und seine 20 Dollar Profit einzustecken, ohne daß es jemand merkte. Und er hielt den Mund. Er erzählte es nicht einmal Lola. Aber weil er vor irgend jemand damit angeben mußte, erzählte er es Phyllis.

Ein weiterer Punkt, der mir Sorgen machte, war ich selbst. Ich befürchtete, daß meine Leistungen nachlassen könnten und man sich im Büro darüber wundern würde, warum ich so durchhing. Das wäre nicht gut gewesen, ich meine später, wenn sich alle darüber Gedanken machten. Wenn ich noch nie Versicherungen verkauft hatte, dann mußte ich es jetzt tun, während diese Sache am Laufen war. Ich stürzte mich wie ein Besessener in die Arbeit. Mir entging auch nicht die geringste Verkaufschance, und ich bearbeitete die Kunden, daß es nicht mehr feierlich war. Ob Sie's glauben oder nicht, mein Umsatz stieg im März um zwölf Prozent, um weitere zwei Prozent im April, und im Mai, einem Monat, in dem mit Autos immer eine Menge los ist, sogar noch einmal um sieben Prozent. Ich schaffte es sogar, mich mit meiner Finanzierungsfirma an einen großen Gebrauchtwagenhändlerring anzuhängen, und das half mir. Die Bücher verrieten mich nicht. Ich war in diesem Frühjahr in beiden Büros der Musterknabe. Alle zogen den Hut vor mir.

»Er fährt zum Klassentreffen. Nach Palo Alto.«

»Wann?«

»Im Juni. In etwa sechs Wochen.«

»Das ist es. Darauf haben wir gewartet.«

»Aber er will den Wagen nehmen, und ich soll mitkommen. Wenn ich nicht mitfahre, gibt es ein furchtbares Theater.«

»So? Bild dir doch nichts ein. Egal, ob zum Klassentreffen oder einfach nur zum Drugstore, jedenfalls würde jeder Mann lieber allein hingehen als mit seiner Frau. Er wollte nur höflich sein. Und wenn du so tust, als interessiere dich sein Klassentreffen nicht, wird er sich überzeugen lassen. Du wirst staunen, wie schnell.«

»Na, das finde ich ja reizend.«

»Das spielt keine Rolle. Aber du wirst schon sehen.«

Genauso kam es auch, aber sie konnte ihn nicht vom Wagen abbringen, obwohl sie ihn eine Woche lang bearbeitete. »Er sagt, er braucht ihn, weil er alles mögliche unternehmen will, Picknicks und so was, und wenn er den Wagen nicht hat, muß er einen mieten. Außerdem haßt er Züge. Ihm wird schlecht.«

»Kannst du ihm keine Szene machen?«

»Schon passiert, aber es hat nichts genützt, obwohl ich bis an die Grenze gegangen bin. Ich hab ihm eine solche Szene gemacht, daß Lola kaum noch mit mir spricht. Sie findet es egoistisch von mir. Ich kann es ja noch mal versuchen, aber ...«

»Lieber Himmel, nein!«

»Ich könnte folgendes tun. Ich könnte am Tag vor seiner Abreise irgend etwas am Wagen machen. Die Zündung beschädigen zum Beispiel. Dann käme der Wagen in die Werkstatt und er *müßte* mit dem Zug fahren.«

»Nein! Nichts dergleichen. Erstens werden die den Braten riechen, nachdem es schon eine Szene gegeben hat, und – das kannst du mir glauben – gegen Lola haben wir später keinen leichten Stand. Zweitens brauchen wir den Wagen.«

»Wir?«

»Unbedingt.«

»Ich weiß immer noch nicht – was wir eigentlich machen.«

»Das wirst du schon noch erfahren. Früh genug. Jedenfalls brauchen wir den Wagen. Wir brauchen sogar zwei, deinen und meinen. Tu, was du willst, aber laß die Finger von dem Wagen. Er muß fahren. Er muß in perfektem Zustand sein.«

»Sollen wir die Idee mit dem Zug nicht lieber fallenlassen?«

»Hör zu, entweder Zug oder gar nicht.«

»Meine Güte, deswegen mußt du mich doch nicht gleich anschnauzen!«

»Für mich gibt's keine halben Sachen. Halbe Sachen interessieren mich nicht. Aber das hier, aufs Ganze zu gehen, das reißt mich mit. Das ist das einzige, worauf es mir ankommt.«

»War ja nur so ein Gedanke.«

»Laß das Denken.«

Zwei oder drei Tage später trat der glückliche Zufall ein. Sie rief mich gegen vier Uhr nachmittags im Büro an. »Walter?«

»Ja.«

»Bist du allein?«

»Ist es wichtig?«

»Ja, schrecklich wichtig. Es ist etwas passiert.«

»Ich fahre nach Hause. Ruf mich in einer halben Stunde

dort an.« Ich war zwar allein, wollte aber mit einem Telefon, das über eine Zentrale läuft, kein Risiko eingehen. Ein paar Minuten, nachdem ich daheim eingetroffen war, läutete das Telefon. »Die Fahrt nach Palo Alto hat sich erledigt. Er hat sich das Bein gebrochen.«

»Was!«

»Ich weiß noch nicht mal, wie es passiert ist. Er muß einen Hund an der Leine gehalten haben, den Hund eines Nachbarn, der einem Hasen nachjagen wollte, und da ist er ausgerutscht und hingefallen. Jetzt ist er im Krankenhaus. Lola ist bei ihm. In ein paar Minuten bringen sie ihn her.«

»Damit hat sich das wohl erledigt.«

»Fürchte ich auch.«

Erst beim Mittagessen fiel mir ein, daß die Sache damit gar nicht unbedingt erledigt war, sondern jetzt vielleicht erst perfekt wurde. Ich lief bestimmt drei Meilen durchs Wohnzimmer und fragte mich, ob sie heute abend wohl kommen würde, als es klingelte.

»Ich hab' nur ein paar Minuten Zeit. Eigentlich bin ich auf dem Boulevard und kaufe ihm was zu lesen. Ich könnte heulen. Hat man so was schon gehört?«

»Hör mal, Phyllis, du brauchst dir keine Sorgen zu machen. Was für ein Bruch ist es denn? Ich meine, ist es schlimm?«

»Unten am Knöchel. Nein, nicht weiter schlimm.«

»Hängt der Fuß in einer Schlinge?«

»Nein, es liegt ein Gewicht drauf, das in etwa einer Woche wegkommt. Aber dann wird er noch nicht gehen können. Er muß einen Gipsverband tragen. Lange.«

»Er wird schon gehen können.«

»Glaubst du?«

»Wenn du ihn dazu bringst, daß er aufsteht.«

»Wie meinst du das, Walter?«

»Wenn du ihm hochhilfst, kann er mit den Krücken aufstehen. Mit einem Gipsbein *kann er nämlich nicht Auto fahren.* Er wird den Zug nehmen müssen. Phyllis, auf so etwas haben wir doch gehofft!«

»Meinst du?«

»Und noch was. Ich hab dir damals doch gesagt, daß er den Zug besteigt und ihn doch nicht besteigt. Gut. Da stellt sich das Problem irgendwelcher besonderen Merkmale für die Identifizierung, nicht wahr? Die Krücken, dieser eingegipste Fuß – das sind die auffallendsten Merkmale, die man sich vorstellen kann, das kannst du mir glauben. Wenn du ihn aus dem Bett bringst und ihn davon überzeugst, daß er auf jeden Fall wegfahren sollte, einfach, um sich mal von allem zu erholen, dann haben wir's geschafft. Das sagt mir mein Gefühl. Dann haben wir's geschafft.«

»Aber es ist riskant.«

»Was soll denn daran riskant sein?«

»Ich meine, wenn man jemand mit einem Beinbruch zu früh aufstehen läßt. Ich weiß das, weil ich früher Krankenschwester war. Man muß ziemlich sicher damit rechnen, daß sich das auf die Länge auswirkt. Das heißt, daß ein Bein kürzer wird.«

»Ist das dein einziges Problem?«

Es dauerte eine Weile, bis sie es kapierte. Ob sein eines Bein kürzer werden würde als das andere, darüber brauchte er sich keine Gedanken mehr zu machen.

Am Heldengedenktag wird zwar keine Post ausgetragen, aber der Pförtner schickt jemanden zum Postfach der General Fidelity und läßt sie holen. Es war ein dickes, an mich persönlich adressiertes Kuvert dabei. Ich öffnete es und fand eine Broschüre mit dem Titel: »Kolloide beim Goldabbau. Eine Untersuchung der Methoden zur Lösung dieses Problems«. Innen stand eine Widmung: »Für Mr. Walter Huff, in Dankbarkeit für einen früher erwiesenen Gefallen, Beniamino Sachetti.«

5

Sein Zug ging um 21 Uhr 45. Gegen vier Uhr fuhr ich in die San Pedro Street und unterhielt mich mit dem Direktor einer Weinfirma über die Haftpflicht des Arbeitgebers. Eigentlich war da vor August, wenn die Trauben geliefert werden und die Produktion beginnt, nichts zu machen, aber ich hatte einen bestimmten Grund. Er setzte mir auseinander, warum er noch keinen Vertrag abschließen konnte, und ich spielte ein bißchen Theater und fuhr dann ins Büro zurück. Dort sagte ich Nettie, ich hätte einen potentiellen Kunden und sie solle eine Karte für ihn ausstellen. Auf der Karte stand automatisch das Datum des ersten Besuchs, und darum ging es mir. Ich unterschrieb noch ein paar Briefe und verließ dann ungefähr um halb sechs das Büro.

Gegen sechs Uhr abends war ich zu Hause, wo der Filipino schon mit dem Abendessen auf mich wartete. Dafür hatte ich gesorgt. Es war der 3. Juni. Eigentlich wäre sein Lohn schon am Ersten fällig gewesen, aber ich hatte behauptet, ich hätte vergessen zur Bank zu gehen und ihn auf später vertröstet. Heute jedoch war ich zum Mittagessen heimgefahren und hatte ihm das Geld gebracht. Das hieß, daß er es kaum erwarten konnte, abends wegzugehen und es auszugeben. Ich sagte, er könne das Abendessen servieren, und noch bevor ich mir die Hände gewaschen hatte, stand schon die Suppe auf dem Tisch. Ich aß, so gut es eben ging. Es gab Steak, Kartoffelpüree, Erbsen und Karotten, und zum Nachtisch einen Früchtebecher. Ich konnte zwar kaum kauen, so aufgeregt war ich, aber irgendwie brachte ich doch alles hinunter. Kaum hatte ich meinen Kaffee getrunken, da hatte er schon abgespült und sich in Schale geworfen, um mit seinem Mädchen auszugehen: beige Hosen, weiße Schuhe und Strümpfe, einen braunen Mantel und ein weißes Hemd mit offenem Kragen. Früher trug ein philippinischer Hausboy dienstags das, was ein Hollywoodschauspieler montags getragen hatte, aber wenn Sie mich fragen, ist es jetzt genau umgekehrt, und der Boy aus Manila schlägt Clark Gable um Längen.

Er ging etwa Viertel vor sieben. Als er hochkam, um zu fragen, ob er noch irgend etwas erledigen solle, war ich gerade dabei, mich auszuziehen und ins Bett zu gehen. Ich behauptete, ich würde mich hinlegen und noch ein wenig arbeiten. Dann holte ich mir Papier und Schreibzeug und machte mir eine Menge Notizen, als füllte ich für den Mann, mit dem ich nachmittags gesprochen hatte, die Unterlagen für die Haftpflichtversicherung aus. So etwas wird normalerweise aufbewahrt und in die Mappe für potentielle Kunden gelegt. Ich sorgte für ein paar Notizen bezüglich der Verabredung.

Dann ging ich hinunter und rief im Büro an. Joe Pete, der Nachtwächter, nahm ab. »Joe Pete, hier ist Walter Huff. Könnten Sie mir einen Gefallen tun? Gehen Sie doch mal hoch in mein Büro, da finden Sie mitten auf dem Schreibtisch mein Tarifbuch, es ist eine Loseblattsammlung. Vorne drauf steht in Goldlettern mein Name und darunter das Wort »Tarife«. Ich habe es liegengelassen und bräuchte es jetzt. Könnten Sie es mir sofort per Boten schicken?«

»Okay, Mr. Huff. Sofort.«

Eine Viertelstunde später rief er zurück und sagte, er könne es nicht finden. »Ich habe überall auf dem Schreibtisch geschaut, Mr. Huff, und im Büro, aber das Buch war nicht aufzutreiben.«

»Dann muß es Nettie weggeschlossen haben.«

»Wenn Sie wollen, kann ich sie fragen.«

»Nein, so dringend ist es dann auch wieder nicht.«

»Tut mir leid, Mr. Huff.«

»Dann muß es eben so gehen.«

Ich hatte dieses Tarifbuch an einem Ort versteckt, wo er es nie finden würde. Aber er gehörte zu denen, die mich an diesem Abend angerufen hatten, und ich war zu Hause und schwer beschäftigt. Er würde nicht der einzige bleiben. Ich brauchte gar nichts zu sagen, damit er sich an das Datum erinnerte. Er mußte nämlich ein Tagebuch führen und alles eintragen, was er tat, nicht nur mit Datum, sondern auch mit genauer Zeitangabe. Ich sah auf die Uhr. Es war 19.38.

Viertel vor acht klingelte das Telefon erneut. Es war Phyllis. »Der Blaue.«

»Der Blaue also.«

Das war zur Kontrolle, welchen Anzug er tragen würde. Wir hatten zwar ziemlich sicher mit dem Blauen gerechnet, aber da ich hundertprozentig sicher sein mußte, war sie unter dem Vorwand, ihm eine neue Zahnbürste zu kaufen, zum Drugstore gerannt und hatte mich angerufen. Es bestand keine Gefahr, daß man uns das Gespräch nachweisen konnte. Selbstwählgespräche wurden nicht registriert. Gleich nachdem sie eingehängt hatte, zog ich mich an. Ebenfalls einen blauen Anzug. Aber zuvor umwickelte ich meinen Fuß mit einer dicken Mullbinde und Leukoplast. Es sah aus, als sei das Leukoplast um den Knöchel gewickelt, wie bei einem Gipsverband, aber ich konnte es innerhalb von zehn Sekunden wegschneiden, wenn es soweit war. Ich zog den Schuh an. Er ließ sich zwar kaum noch zubinden, aber so sollte es sein. Ich schaute nach der Hornbrille, genau so eine, wie er sie trug. Sie war in meiner Tasche. Außerdem steckten dort, eng zusammengerollt, anderthalb Meter leichtes Baumwollseil. Und schließlich noch ein von mir selbst angefertigter Tragegriff, so wie man sie in Läden zum Tragen von Paketen bekommt, nur schwerer, aus einer Eisenstange. Mein Mantel beulte sich aus, aber das war mir egal.

Zwanzig vor neun rief ich Nettie an. »Haben Sie mein Tarifbuch gesehen, bevor ich gegangen bin?«

»Ganz bestimmt nicht, Mr. Huff.«

»Ich bräuchte es nämlich und weiß nicht, wo ich es liegengelassen habe.«

»Meinen Sie, Sie haben es verloren?«

»Keine Ahnung. Ich habe schon Joe Pete angerufen, aber er findet es nicht, und ich kann mir einfach nicht vorstellen, wo es sonst noch sein könnte.«

»Wenn Sie möchten, kann ich ja reinfahren und nachschauen, ob ich –«

»Nein, nein, so wichtig ist es auch wieder nicht.«

»Ich hab's jedenfalls nicht gesehen, Mr. Huff.«

Nettie wohnt in Burbank, und das ist ein Ferngespräch. Es würde also registriert werden, daß ich um 20.40 von zu Hause angerufen habe. Sobald ich sie losgeworden war, öffnete ich das Klingelgehäuse und lehnte eine halbe Visitenkarte gegen den Klöppel, damit sie umfiel, wenn das Telefon klingelte. Dasselbe tat ich mit dem Klöppel der Türglocke in der Küche. Ich würde anderthalb Stunden außer Haus sein und mußte wissen, ob das Telefon oder die Türklingel gegangen war. Wenn ja, dann hatte ich eben gerade ein Bad genommen und nichts gehört, weil die Tür zu war und das Wasser einlief. Aber wissen mußte ich es.

Gleich nachdem ich die Karten angebracht hatte, stieg ich in den Wagen und fuhr hinüber nach Hollywood. Von meinem Haus aus sind das nur wenige Minuten. Ich parkte auf der Hauptstraße an einer Stelle, von der es nur noch ein kurzer Spaziergang bis zum Haus war. Einerseits durfte der Wagen keine Aufmerksamkeit erregen, andererseits durfte es nicht so weit weg sein, daß ich viel laufen mußte. Nicht mit diesem Fuß.

Am Ende der Kurve, hinter der das Haus liegt, steht ein großer Baum. Dieser Punkt ist von keinem Gebäude aus einzusehen. Ich wartete genau zwei Minuten, die mir allerdings vorkamen wie eine Stunde. Dann sah ich die Scheinwerfer. Der Wagen bog um die Kurve. Sie saß am Steuer und er neben ihr, die Krücken auf der Türseite unter dem Ellbogen. Als der Wagen den Baum erreicht hatte, hielt sie an. So war es ausgemacht. Jetzt kam der knifflige Teil. Es ging darum, ihn für eine Minute aus dem Wagen zu lotsen, damit ich einsteigen konnte, obwohl die Taschen bereits auf dem Rücksitz standen und eigentlich alles in Ordnung war. Hätte er zwei gesunde Füße gehabt, dann wäre es nicht schwer gewesen, aber jemand an Krücken noch einmal aus dem Wagen zu bringen, nachdem er einmal sitzt, und vor allem dann, wenn sich neben ihm eine gesunde Person befindet, das ist, als wolle man ein Nilpferd aus einem Wagen treiben.

Sie begann genauso, wie ich es ihr eingeschärft hatte. »Ich hab meine Handtasche vergessen.«

»Du hast sie doch mitgenommen!«

»Dachte ich auch. Schau doch mal auf dem Rücksitz.«

»Nein, da sind nur meine Sachen.«

»Keine Ahnung, wo sie sein könnte.«

»Na ja, fahr los, wir kommen noch zu spät. Hier hast du einen Dollar. Das wird wohl reichen, bis du wieder da bist.«

»Ich muß sie auf dem Sofa liegengelassen haben. Im Wohnzimmer.«

»Schon gut, schon gut, dann liegt sie eben auf dem Sofa im Wohnzimmer. Und jetzt fahr zu.«

Nun kam allmählich der Teil, den ich vierzigmal mit ihr geübt hatte. Sie war dauernd dafür gewesen, ihn zu *bitten*, daß er ausstieg und ihr die Tasche holte. Schließlich kriegte ich es doch in ihren Kopf, daß sie ihn mit einer solchen Bitte zu der Frage provoziert hätte, warum sie denn nicht *selbst* aussteige und die Tasche holte, wegen seinen Krücken. Ich machte ihr klar, daß ihr nichts übrigblieb, als dumm daherzureden, stehenzubleiben und so lange zu warten, bis er vor lauter Ärger und aus Angst, den Zug zu verpassen, den Märtyrer spielte und die Tasche selbst holte. Sie hielt sich genau an meine Anweisungen.

»Aber ich will meine Handtasche!«

»Wofür denn? Reicht ein Dollar denn nicht?«

»Mein Lippenstift ist auch noch drin.«

»Hör mal, geht das nicht in deinen Kopf, daß wir zum Zug müssen? Das ist nicht wie mit dem Auto, wo man eben losfährt, wenn man fertig ist. Wir müssen zum Zug, und der fährt um Viertel vor zehn, und wenn er fährt, dann fährt er. Los, mach schon!«

»Also wenn du *so* mit mir redest...«

»Wie denn?«

»Ich hab doch nur gesagt, daß ich –«

Er stieß eine Flut von Schimpfwörtern aus, und schließlich hörte ich die Krücken gegen den Wagen klappern. Kaum war er um die Kurve zum Haus zurückgehumpelt, stieg ich rasch ein. Ich mußte vorn einsteigen und über den Sitz nach hinten klettern, damit er nicht hörte, wie die Rücktür zugeschlagen wurde. Das Geräusch einer zuschlagenden Tür entgeht einem nie. Ich kauerte mich hinten im Dunkeln zusammen. Auf dem Rücksitz standen seine Reisetasche und sein Aktenkoffer.

»Hab ich es richtig gemacht, Walter?«

»Bis jetzt okay. Wie bist du Lola losgeworden?«

»War gar nicht nötig. Sie war zu irgendeiner Veranstaltung in der Uni eingeladen, und da habe ich sie um sieben zum Bus gebracht.«

»Okay. Fahr jetzt ein Stück zurück, damit er nicht so weit laufen muß. Versuch ihn zu besänftigen.«

»Gut.«

Sie setzte bis zur Tür zurück, und er stieg wieder ein. Sie fuhr los. Glauben Sie mir, es ist furchtbar, als Kibitz zu belauschen, was ein Mann und seine Frau wirklich miteinander reden. Sobald sie ihn etwas besänftigt hatte, begann er sich darüber zu beschweren, wie Belle beim Abendessen bediente. Sie wiederum kritisierte Belle, weil sie so viele Teller zerbrach. Dann kamen sie auf jemanden namens Hobey und eine Frau namens Ethel, anscheinend Hobeys Gattin. Er sagte, er sei mit Hobey fertig und das könnte Hobey ruhig wissen. Sie sagte, sie hätte Ethel zwar früher einmal gemocht, aber diese hochnäsige Art neuerdings sei einfach zu viel. Dann überlegten sie, ob sie Hobey und Ethel ein Essen schuldeten oder umgekehrt; und als ihnen klar wurde, daß sie mit einem Essen im Rückstand lagen, faßten sie den Entschluß, das noch hinter sich zu bringen und es dabei aber dann bewenden zu lassen. Nachdem all dies geregelt war, kamen sie überein, daß er in Palo Alto immer per Taxi fahren sollte, auch wenn es eine Kleinigkeit kostete. Denn wenn er sich überall an seinen Krücken hinschleppen mußte, konnte er es ja gar nicht genießen, und außerdem würde sein Bein zu sehr strapaziert. Phyllis redete gerade so, als fahre er wirklich nach Palo Alto, und dachte sich nichts dabei. Frauen sind komische Wesen.

Von meinem Platz dahinten konnte ich nicht sehen, wo wir waren. Aus Angst, er könne mich hören, traute ich mich kaum zu atmen. Ich hatte ihr gesagt, sie solle abruptes Bremsen und verkehrsreiche Straßen vermeiden, und überhaupt alles, was ihn dazu bringen konnte, den Kopf zu wenden, um zu schauen, was sich hinter uns tat. Aber er drehte sich nicht um. Er saß zurückgelehnt da und rauchte eine Zigarre. Nach einer Weile drückte Phyllis zweimal laut auf die Hupe. Das war das Signal, daß wir uns jetzt in der dunklen Straße befanden, die wir uns ausgesucht hatten, etwa eine halbe Meile vom Bahnhof entfernt.

Ich richtete mich auf, legte ihm die Hand auf den Mund und zog seinen Kopf zurück. Er packte meine Hand mit seinen beiden Händen. Die Zigarre hielt er immer noch zwischen den Fingern. Ich nahm sie ihm mit der freien Hand weg und gab sie ihr. Dann packte ich eine der Krücken und hakte sie ihm unters Kinn. Was ich dann tat, werde ich Ihnen nicht schildern. Aber jedenfalls lag er zwei Sekunden später mit gebrochenem Genick zusammengekrümmt auf dem Sitz, ohne die geringsten Spuren, außer einem Eindruck direkt auf der Nase, den der Griff der Krücke hinterlassen hatte.

6

Wir hatten ihn genau erwischt, den Moment der Kühnheit, der zu jedem erfolgreichen Mord gehört. Die nächsten zwanzig Minuten hatte uns der Tod in den Klauen, nicht im Hinblick auf das, was nun passieren würde, sondern im Hinblick darauf, daß später alles zusammenpaßte. Sie wollte die Zigarre aus dem Fenster werfen, aber ich hinderte sie daran. Er hatte diese Zigarre zu Hause angesteckt, und deswegen mußte ich sie weiterrauchen. Phyllis hielt sie für mich und wischte das Ende ab, so gut es ging, während ich mit dem Seil beschäftigt war. Ich schlang es unterhalb des Genicks um seine Schultern, unter seinen Armen hindurch und um seinen Rücken. Ich zog fest zu, hakte den Tragegriff um beide Seilenden und zog sie fest. Es gibt wohl nichts Sperrigeres als einen Toten, aber mit dieser Verschnürung würden wir es wohl schaffen, und zwar schnell.

»Wir sind da, Walter. Soll ich jetzt parken oder einmal um den Block fahren?«

»Parken. Wir sind fertig.«

Sie hielt an. Es war in einer Seitenstraße, etwa einen Häuserblock vom Bahnhof entfernt. Wir zerbrachen uns eine Weile den Kopf, wo wir parken sollten. Wenn wir auf den Bahnhofsparkplatz fuhren, dann stand es zehn zu eins, daß ein Gepäckträger die Tür aufreißen würde, um die Taschen herauszuholen, und dann waren wir erledigt. Aber hier zu parken, ging in Ordnung. Falls sich die Gelegenheit dazu ergab, wollten wir uns vor irgend jemandem streiten. Und zwar wollte ich mich darüber beklagen, daß sie mich so weit hatte laufen lassen. Damit konnten wir einen Umstand vertuschen, der später vielleicht etwas merkwürdig wirken konnte.

Sie stieg aus und nahm die Tasche und den Aktenkoffer. Nirdlinger gehörte zu den Männern, die ihre Toilettenartikel in einem Aktenkoffer mitnehmen, um sie im Zug benutzen zu können, und das war später ein Glück für mich. Ich kurbelte alle Fenster hoch, nahm die Krücken und stieg aus. Sie schloß den Wagen ab. Wir ließen Nirdlinger genau da liegen, wo er war, verschnürt auf dem Sitz zusammengerollt. Sie ging mit Reise- und Aktentasche voraus, und ich humpelte hinterher und zog das bandagierte Bein an. Das sah aus, als wolle eine Frau ihrem Mann, der an Krücken geht, eine peinliche Situation erleichtern. In Wirklichkeit verhinderten wir auf diese Weise, daß mich der Gepäckträger anschaute, als er die Taschen entgegennahm. Kaum bogen wir um die Ecke und waren vom Bahnhof aus zu sehen, da kam auch schon einer angerannt. Er tat genau das, womit wir gerechnet hatten. Er nahm ihr die Taschen ab, ohne auf mich zu warten.

»Der 21 Uhr 45 nach San Francisco, Abteil 8, Wagen C.«

»8 in Wagen C, ja, Madam. Bis gleich am Zug.«

Wir betraten den Bahnhof. Ich sagte ihr, sie solle jetzt neben mir gehen, damit ich ihr notfalls etwas zumurmeln konnte. Ich trug die Brille und hatte den Hut in die Stirn gezogen, aber nicht zu tief. Ich hielt den Blick gesenkt, als achte ich darauf, wo ich die Krücken aufsetzte. Die Zigarre behielt ich im Mund, teils weil sie mein Gesicht etwas verdeckte, teils weil ich so ein wenig Gesicht verziehen konnte, als versuchte ich, meine Augen vor dem Rauch zu schützen.

Der Zug stand auf einem Nebengleis, außerhalb des Bahnhofs. Ich zählte rasch die Wagen. »Meine Güte, es ist der dritte!« Es war der, vor dem beide Schaffner standen und nicht nur sie, sondern auch der Schlafwagenkontrolleur und der Gepäckträger, der auf sein Trinkgeld wartete. Wenn uns nicht schnell etwas einfiel, dann hatten mich vier Personen von nahem gesehen, bevor ich in den Wagen stieg, und das konnte uns an den Galgen bringen. Sie rannte voraus. Ich sah, wie sie dem Gepäckträger sein Trinkgeld gab, und er ging unter vielen Verbeugungen. Er lief auf das andere Ende des Bahnhofs zu, wo der Parkplatz lag, also nicht an mir vorbei. Dann sah mich der Schlafwagenschaffner und kam auf mich zu. Sie nahm ihn beim Arm. »Er mag es nicht, wenn ihm jemand hilft.«

Der Mann kapierte nicht. Aber der Schaffner des Pullman-Wagens.

»He!«

Der Schlafwagenschaffner blieb stehen. Dann fiel der Groschen. Jetzt wandten mir alle den Rücken zu und begannen zu reden. Ich kletterte schwerfällig die Stufen hinauf. Dann war ich oben. Das war das Signal für sie. Sie stand immer noch bei den Schaffnern auf dem Bahnsteig. »Schatz!«

Ich blieb stehen und wandte mich halb um. »Komm nach hinten zur Aussichtsplattform«, sagte sie. »Dort kann ich mich von dir verabschieden und muß mir keine Sorgen machen, daß ich rechtzeitig aus dem Zug komme. Es sind noch ein paar Minuten. Vielleicht können wir noch ein bißchen reden.«

»Gut.«

Ich ging nach hinten, durch den Wagen. Sie ging ebenfalls nach hinten, draußen auf dem Bahnsteig.

Alle drei Waggons waren voller Leute, die sich gerade zum Schlafengehen fertigmachten. Die meisten Betten waren heruntergeklappt, und das Gepäck stand draußen im Gang. Die Schaffner waren nicht da. Sie waren draußen in ihren Bahnsteighäuschen. Ich hielt den Blick gesenkt, klemmte die Zigarre zwischen die Zähne und verzog weiterhin das Gesicht. Niemand sah mich wirklich, und doch sahen mich alle, weil beim Anblick der Krücken sofort jeder sein Gepäck aus dem Weg räumte, um mir Platz zu machen. Ich nickte nur vor mich hin und murmelte »danke«.

Ein Blick in ihr Gesicht sagte mir, daß etwas nicht stimmte. Draußen auf der Aussichtsplattform sah ich, was es war. Da saß im Dunkeln kaum erkennbar ein Mann in der Ecke und rauchte. Ich ließ mich auf der gegenüberliegenden Seite nieder. Phyllis streckte die Hand zu mir herüber, und ich nahm sie. Sie sah mich unentwegt an und wartete auf ein Zeichen, und ich formte dauernd die Worte: »Parken... parken... parken.« Nach ein paar Sekunden hatte sie es kapiert.

»Schatz.«

»Ja?«

»Du bist mir nicht mehr böse? Wegen des Parkens?«

»Vergiß es.«

»Ich dachte wirklich, ich fahre zum Bahnhofsparkplatz. Aber in diesem Teil der Stadt kenne ich mich überhaupt nicht aus. Ich hatte keine Ahnung, daß du so weit laufen mußt.«

»Ich hab doch gesagt, vergiß es.«

»Tut mir schrecklich leid.«

»Gib mir einen Kuß.«

Ich sah auf die Uhr und hielt sie ihr hin. Es war noch sieben Minuten bis zur Abfahrt des Zugs. Für das, was sie zu erledigen hatte, mußte sie sechs Minuten früher losfahren.

»Hör mal, Phyllis, du brauchst hier wirklich nicht zu warten. Fahr ruhig schon los.«

»Na ja – macht es dir wirklich nichts aus?«

»Gar nichts. Hat doch keinen Sinn, es in die Länge zu ziehen.«

»Also dann – leb wohl.«

»Leb wohl.«

»Viel Spaß. Ein dreifaches Hoch auf Leland Stanford.«

»Ich werde mein Bestes tun.«

»Gib mir noch einen Kuß.«

»Wiedersehen.«

Für das, was ich zu erledigen hatte, mußte ich erst mal diesen Kerl loswerden, und zwar schnell. Damit hatte ich nicht gerechnet. Bei Abfahrt des Zuges ist da draußen selten jemand. Jetzt saß ich da und zerbrach mir den Kopf. Erst dachte ich, er werde vielleicht gehen, wenn er seine Zigarette geraucht hatte, aber er blieb. Er warf die Kippe übers Geländer und begann eine Unterhaltung.

»Frauen sind schon komisch.«

»Kann man wohl sagen.«

»Ich mußte das kleine Gespräch zwischen Ihnen und Ihrer Frau zwangsläufig mitanhören. Wegen der Sache mit dem Parkplatz, meine ich. Das erinnert mich an ein Erlebnis, das ich einmal auf der Heimfahrt von San Diego mit meiner Frau hatte.«

Er erzählte mir das Erlebnis mit seiner Frau. Ich sah ihn flüchtig an. Ich konnte sein Gesicht nicht erkennen und nahm an, daß es ihm bei mir genauso ging. Jetzt schwieg er. Ich mußte irgend etwas sagen.

»Ja, Frauen sind wirklich komisch. Vor allem, wenn man sie ans Steuer läßt.«

»So sind sie alle.«

Der Zug fuhr an. Er kroch durch die Randbezirke von Los Angeles, und der Mann redete ununterbrochen weiter. Dann kam mir eine Idee. Mir fiel ein, daß man mich ja für einen Krüppel halten sollte, und ich begann meine Taschen zu durchsuchen.

»Haben Sie was verloren?«

»Meine Fahrkarte. Ich kann sie nicht finden.«

»Nanu, wo ist denn meine? Ach, hier.«

»Wissen Sie was? Sie hat diese Fahrkarte garantiert dahin getan, wo sie sie nicht hintun sollte: in meinen Aktenkoffer. Ich habe ihr extra gesagt, sie solle sie hier in meinen Anzug stecken, und jetzt –«

»Ach, sie wird schon wieder auftauchen.«

»Ist das nicht die Höhe? Jetzt muß ich durch den ganzen Zug zurückhumpeln, nur weil –«

»Unsinn, sagen Sie mir lieber, in welchem Abteil Sie sind.«

»Aber ich kann Sie doch nicht –«

»Machen Sie keine Geschichten. Sie bleiben jetzt hier und ich hole Ihnen die Fahrkarte. Wo ist Ihr Platz?«

»Würden Sie das wirklich tun? Abteil 8, Wagen C.«

»Bin gleich wieder da.«

Wir fuhren jetzt etwas schneller. Mein Zeichen war ein Molkereischild, etwa eine Viertelmeile von den Gleisen entfernt. Als es in Sicht kam, steckte ich meine Zigarre an. Ich nahm die Krücken unter den Arm und schwang ein Bein übers Geländer. Eine der Krücken schlug auf die Schwellen, und ich wäre fast gestürzt. Als wir uns direkt auf der Höhe des Molkereischilds befanden, ließ ich mich fallen.

7

Es gibt nichts Dunkleres als ein Bahngleis mitten in der Nacht. Der Zug raste davon, und ich wartete zusammengekauert, daß das Kribbeln in meinen Füßen nachließ. Ich war auf der linken Seite abgesprungen, auf den Pfad zwischen den Gleisen, damit man mich vom Highway aus nicht sehen konnte. Er war etwa sechzig Meter entfernt. Ich blieb dort, auf Hände und Knie gestützt, und spähte angestrengt zur anderen Seite der Gleise hinüber. Dort verlief eine unbefestigte Straße, die zu ein paar kleineren, weiter hinten liegenden Fabriken führte. Die Straße war von leeren Grundstükken umgeben und nicht beleuchtet. Jetzt hätte Phyllis eigentlich schon da sein müssen. Sie hatte sieben Minuten Vorsprung, der Zug brauchte bis hierher sechs Minuten, und vom Bahnhof bis zu dieser unbefestigten Straße fuhr man elf Minuten. Das hatte ich zwanzigmal nachgeprüft. Ich hielt still und starrte ins Dunkel, aber der Wagen war nicht zu entdekken.

Ich weiß nicht mehr, wie lang ich so dort kauerte. Ich dachte an einen Auffahrunfall oder eine Polizeikontrolle. Ich hatte das Gefühl zu zerfließen. Dann hörte ich ein Geräusch. Ich hörte jemand keuchen. Dann hörte ich Schritte. Immer ein oder zwei rasche Schritte, dann eine Pause. Es war wie in einem Alptraum, in dem irgend etwas Seltsames immer näher kam, ich wußte nicht, was es war, ich wußte nur, daß es furchtbar war. Dann sah ich es. Es war Phyllis. Dieser Mann muß zwei Zentner gewogen haben, aber sie trug ihn auf dem Rücken, hielt ihn am Griff fest und kam über die Gleise geschwankt. Sein Kopf hing neben ihrem Kopf herunter. Es war wie in einem Horrorfilm.

Ich rannte hinüber und packte seine Beine, um ihr einen Teil der Last abzunehmen. Wir trugen ihn ein paar Schritte weit. Dann wollte sie ihn abwerfen. »Nicht dieses Gleis! Das andere!«

Wir schleppten ihn zu dem Gleis hinüber, auf dem der Zug durchgefahren war, und ließen ihn fallen. Ich schnitt das Seil ab und steckte es ein. Dann legte ich die brennende Zigarre etwa einen halben Meter von ihm entfernt auf den Boden. Eine der Krücken warf ich über ihn und die andere neben das Gleis.

»Wo ist der Wagen?«

»Dort. Hast du ihn nicht gesehen?«

Ich schaute hin, und er stand tatsächlich genau dort, wo er stehen sollte, auf der unbefestigten Straße.

»Wir sind fertig. Gehen wir.«

Wir rannten zum Wagen und stiegen ein. Sie ließ den Motor an, legte den Gang ein. »Mein Gott – sein Hut!«

Ich nahm den Hut und ließ ihn durchs Fenster hinaus auf die Gleise segeln. »Ist okay, ein Hut kann wegrollen – *fahr zu*!«

Sie fuhr los, an den Fabriken vorbei. Wir erreichten eine Straße.

Auf dem Sunset Boulevard übersah sie eine rote Ampel. »Kannst du nicht aufpassen, Phyllis? Wenn du jetzt angehalten wirst, mit mir im Wagen, dann sind wir erledigt.«

»Wie soll ich denn fahren, wenn dauernd dieses Ding läuft?«

Sie meinte das Autoradio. Ich hatte es angemacht. Für die Zeit, die ich außer Haus war, gehörte es zu meinem Alibi, daß ich die Arbeit eine Weile unterbrochen und Radio gehört hatte. Deshalb mußte ich wissen, was an diesem Abend kam. Und zwar genauer, als durch die Programme in der Zeitung. »Ich muß es hören, das weißt du doch –«

»Laß mich in Ruhe! Laß mich fahren!«

Sie übersah eine Geschwindigkeitsbegrenzung und fuhr mindestens siebzig. Ich biß die Zähne zusammen und schwieg. Als wir an einem leeren Grundstück vorbeikamen, warf ich das Seil aus dem Fenster. Etwa eine Meile später warf ich den Tragegriff hinaus. Die Brille ließ ich in einen Gully fallen. Dann warf ich zufällig einen Blick auf ihre Schuhe. Sie waren vom Gleisschotter zerschrammt.

»Warum hast du dich denn mit ihm abgeschleppt? Warum hast du das nicht mir –«

»Wo bist du gewesen? *Wo bist du gewesen?*«

»Ich war da. Ich habe gewartet –«

»Das konnte ich doch nicht wissen. Ich konnte doch nicht einfach sitzen bleiben, mit *so was* im Wagen!«

»Ich habe ja nach dir geschaut. Aber ich konnte nichts sehen –«

»Laß mich in Ruhe! *Laß mich fahren!*«

»Deine Schuhe –«

Ich verkniff es mir. Einen Moment später drückte sie wieder aufs Gas. Sie tobte wie eine Irre. Sie tobte und tobte, zog über ihn her, über mich, über alles, was ihr in den Sinn kam. Hin und wieder unterbrach ich sie barsch. Da saßen wir also nebeneinander, nach dem, was wir getan hatten, knurrten uns an wie zwei Tiere, und keiner von uns fand ein Ende. Es war, als hätte uns irgend jemand eine Droge injiziert. »Phyllis, hör auf damit! Wir müssen miteinander sprechen, und vielleicht ist das die letzte Gelegenheit dazu.«

»Dann sprich doch! Wer hindert dich daran?«

»Also erstens: Du weißt nichts von dieser Versicherungspolice. Du –«

»Wie oft sagst du mir das eigentlich noch?«

»Ich sage dir doch nur –«

»Du hast es mir schon so oft gesagt, daß ich es nicht mehr hören kann.«

»Zweitens die Leichenschau. Du bringst –«

»Ich bringe einen Pfarrer mit. Das weiß ich. Ich bringe einen Pfarrer mit, der sich um die Leiche kümmert, wie oft muß ich mir das noch anhören – läßt du mich jetzt endlich fahren?«

»Okay. Fahr zu. Ist Belle zu Hause?«

»Woher soll ich das wissen? Nein!«

»Und Lola ist weg?«

»Das weißt du doch!«

»Dann mußt du beim Drugstore anhalten. Und eine Portion Eis kaufen. Damit du Zeugen hast, daß du vom Bahnhof direkt heimgefahren bist. Du mußt irgend etwas sagen, damit die sich die Zeit und das Datum merken. Du –«

»Raus! Raus! Ich dreh noch durch!«

»Ich kann jetzt nicht aussteigen. Ich muß zu meinem Wagen! Weißt du, was das bedeutet, wenn ich jetzt zu Fuß nach Hause gehe? Ich habe kein vollständiges Alibi! Ich –«

»Raus hab ich gesagt!«

»Fahr weiter, oder ich hau dir eine runter!«

Bei meinem Wagen hielt sie an, und ich stieg aus. Wir gaben uns keinen Kuß. Wir sagten nicht einmal auf Wiedersehen. Ich stieg aus, stieg in meinen Wagen und fuhr heim.

Zu Hause sah ich auf die Uhr. Es war 22 Uhr 25. Ich öffnete das Klingelgehäuse des Telefons. Die Karte stand noch. Ich machte es wieder zu und steckte die Karte in die Tasche. Dann ging ich in die Küche und überprüfte die Türklingel. Auch diese Karte stand noch. Ich steckte sie ebenfalls ein. Dann ging ich nach oben, riß mir die Kleider vom Leib und zog einen Pyjama und Hausschuhe an. Ich schnitt den Verband von meinem Fuß. Dann ging ich hinunter, schob den Verband und die Karten zusammen mit einer Zeitung in den Kamin, zündete sie an und sah zu, wie es brannte. Dann ging ich zum Telefon und wählte eine Nummer. Für den zweiten Teil meines Alibis brauchte ich immer noch einen Rückruf. Ich spürte ein Ziehen in der Kehle, schluchzte auf und warf den Hörer auf die Gabel. Jetzt packte es mich. Ich wußte, daß ich mich wieder in den Griff kriegen mußte. Ich schluckte ein paarmal, damit man meiner Stimme nichts anmerkte. Mir kam die idiotische Idee, daß Singen helfen könnte. Also begann ich mit den Caprifischern, aber nach zwei Tönen schlug der Gesang in eine Art Wimmern um.

Ich ging ins Eßzimmer und schenkte mir einen Drink ein. Dann noch einen. Ich begann vor mich hin zu murmeln, damit mir meine Stimme wieder gehorchte. Mir fiel das Vaterunser ein, und ich betete es zweimal herunter. Beim dritten Mal konnte ich mich nicht mehr an den Text erinnern.

Als ich glaubte, ich könne jetzt wieder sprechen, wählte ich erneut. Es war jetzt 22 Uhr 48. Ich rief Ike Schwarz an, das ist auch ein Vertreter der General Fidelity.

»Ike, könnten Sie mir einen Gefallen tun? Ich arbeite gerade an einer Haftpflichtversicherung für eine Weinfirma. Das soll morgen früh fertig sein, und ich bin kurz vor dem Durchdrehen, weil ich mein Tarifbuch nicht da habe. Joe Pete kann es nicht finden, und ich wollte Sie fragen, ob Sie es in Ihrem Buch nachschlagen könnten. Haben Sie es bei sich?«

»Klar, mach ich gerne.«

Ich gab ihm alles durch, und er versprach, in einer Viertelstunde zurückzurufen.

Ich lief herum, grub die Fingernägel in die Handflächen und rang um Beherrschung. Wieder spürte ich das Ziehen in der Kehle. Wieder begann ich vor mich hin zu murmeln und wiederholte ständig, was ich Ike eben am Telefon gesagt hatte. Das Telefon klingelte. Ich nahm ab. Er sagte, er habe die Tarife für mich ausgerechnet, und begann, sie durchzugeben. Er gab sie mir auf drei verschiedene Arten durch, damit ich alles hätte. Es dauerte zwanzig Minuten. Ich schrieb mit. Ich spürte, wie mir der Schweiß auf die Stirn trat und an der Nase entlanglief. Dann war er fertig.

»Okay, Ike, genau das wollte ich wissen. Und genauso. Tausend Dank.«

Kaum hatte er aufgelegt, brach alles zusammen. Ich stürzte ins Bad. Mir war in meinem ganzen Leben noch nie so schlecht gewesen. Als es vorbei war, fiel ich ins Bett. Erst nach langer Zeit konnte ich das Licht ausdrehen. Ich lag da und starrte ins Dunkel. Hin und wieder überlief mich ein Schauer, und ich begann zu zittern. Schließlich ging auch das vorbei, und ich lag da wie ein Drogentoter. Dann begann ich nachzudenken. Ich versuchte, dagegen anzukämpfen, aber es ging nicht. Jetzt wußte ich, was ich getan hatte. Ich hatte einen Mann getötet. Ich hatte einen Mann getötet, um eine Frau zu kriegen. Ich hatte mich ihr ausgeliefert, so daß es jetzt einen Menschen auf der Welt gab, der nur mit dem Finger auf mich deuten mußte, und ich würde sterben. Ich hatte all das für sie getan, und jetzt wollte ich sie nie mehr sehen, solange ich lebte.

Mehr braucht es nicht, nur ein bißchen Angst, daß Liebe zu Haß gerinnt.

8

Ich trank ein paar Schlucke Orangensaft und Kaffee und verzog mich dann mit der Zeitung ins Bad, weil ich Angst hatte, sie in Gegenwart des Filipinos aufzuschlagen. Natürlich stand es gleich auf Seite 1:

ÖLMANAGER KOMMT BEI FAHRT ZU JUNI-TREFFEN DURCH STURZ VOM ZUG UMS LEBEN
H. S. Nirdlinger, Erdölpionier, durch Sturz von Schnellzug auf der Strecke von Reunion nach Leland Stanford getötet.

Mit Verletzungen an Kopf und Hals wurde die Leiche H. S. Nirdlingers gestern kurz vor Mitternacht etwa zwei Meilen nördlich der Stadt auf den Bahngleisen gefunden. Nirdlinger war Leiter der Vertretung der Western Pipe & Supply Company in Los Angeles und jahrelang prominenter Repräsentant der Ölindustrie. Er war am Abend in einen Zug Richtung Norden gestiegen, um zu einem Ehemaligentreffen der Leland University zu fahren, und es wird vermutet, daß er vom Zug fiel. Die Polizei wies darauf hin, daß er sich vor einigen Wochen das Bein gebrochen hatte und auf der Aussichtsplattform, wo er zuletzt lebend gesehen wurde, das Gleichgewicht möglicherweise deshalb verlor, weil er den Umgang mit Krücken noch nicht gewohnt war.

Mr. Nirdlinger war 44 Jahre alt. In Fresno geboren, be-

suchte er Leland Stanford, stieg nach dem Abschluß ins Ölgeschäft ein und wurde zu einem der Pioniere bei der Erschließung des Ölfelds von Long Beach. Später war er in Signal Hill aktiv. Während der letzten drei Jahre leitete er das hiesige Büro der Western Pipe & Supply Company.

Er hinterläßt eine Witwe, die frühere Miss Phyllis Belden aus Mannerheim, und eine Tochter, Miss Lola Nirdlinger. Mrs. Nirdlinger war vor ihrer Ehe Oberschwester im hiesigen Verdugo Health Institute.

Zwanzig vor neun rief Nettie an. Sie sagte, Mr. Norton wolle mich so bald wie möglich sehen. Also wußten sie es bereits, und ich brauchte nicht Theater zu spielen, indem ich da mit meiner Zeitung reinging und sagte, das ist doch der Typ, dem ich letzten Winter eine Unfallversicherung verkauft habe. Ich sagte, ich wisse, um was es gehe und würde mich gleich auf den Weg machen.

Irgendwie brachte ich diesen Tag hinter mich. Ich glaube, von Norton und Keyes habe ich Ihnen schon erzählt. Norton ist der Direktor der Firma. Er ist ein kleiner, gedrungener Mann Mitte Dreißig, der diese Stelle nach dem Tod seines Vaters antrat und so sehr damit beschäftigt ist, seinen Vater nachzuahmen, daß ihm für andere Dinge anscheinend kaum mehr Zeit bleibt. Keyes ist der Chef der Schadensabteilung, ein Relikt der alten Firmenleitung, und ihm zufolge macht der junge Norton alles verkehrt. Er ist groß, dick und mürrisch und zu allem Überfluß ein Theoretiker, in dessen Nähe man Kopfschmerzen kriegt, aber er ist der beste Revisor an der Küste, und vor ihm hatte ich Angst.

Zuerst mußte ich Norton sagen, was ich wußte, oder jedenfalls, was ich angeblich wußte. Ich erzählte ihm, daß der Vorschlag mit der Unfallversicherung von mir gekommen war, daß aber Nirdlingers Frau und seine Tochter dagegen gewesen waren, und ich an jenem Abend nicht weiter drauf bestanden hatte, um es dann aber ein paar Tage später bei ihm im Büro noch einmal zu versuchen. Das würde sich mit dem decken, was die Sekretärin mitbekommen hatte. Ich erzählte Norton, wie Nirdlinger dann den Vertrag abschloß, aber erst nachdem ich ihm versprochen hatte, seiner Frau und seiner Tochter nichts davon zu sagen. Ich erzählte, wie ich sein Antragsformular mitgenommen, und es ihm dann, als die Police durch war, zurückgebracht hatte und er mir den Scheck gab. Dann gingen wir in Keyes Büro hinunter, und alles begann von vorn. Es dauerte den ganzen Morgen, verstehen Sie. Während des Gesprächs kamen ständig Telefonanrufe und Telegramme aus San Francisco, wo Keyes durch unsere Prüfer einige der Zugfahrgäste befragen ließ, Anrufe von der Sekretärin, von Lola, bei der sie sich telefonisch erkundigt hatten, was sie wußte. Mit Phyllis hätten sie auch gern gesprochen, aber ich hatte ihr strikt verboten, ans Telefon zu gehen. Man erwischte den Leichenbeschauer und vereinbarte eine Autopsie. Normalerweise sind zwischen Versicherungsfirmen und Leichenbeschauern Absprachen üblich, so daß auf Wunsch der Firma eine Autopsie stattfinden kann. Die Firma könnte auch darauf bestehen, wie es eine Klausel der Police vorsieht. Aber dann bräuchte man einen Gerichtsbeschluß, und das wäre ein Hinweis darauf, daß der Verstorbene versichert war, und das ist ganz ungünstig. Deshalb geschieht es in aller Heimlichkeit, und in diesem Fall war es auch wirklich nötig. Denn wenn Nirdlinger durch einen

Schlaganfall oder an Herzversagen gestorben und dann vom Zug gefallen wäre, dann wäre es kein Unfall mehr gewesen, sondern ein natürlicher Tod, für den die Firma nicht mehr haften würde. Am Nachmittag kam der medizinische Befund. Tod durch Genickbruch. Daraufhin wurde die Leichenschau um zwei Tage verschoben.

Um vier Uhr türmten sich auf Keyes Schreibtisch die Notizen und Telegramme so hoch, daß er sie mit einem Gewicht beschweren mußte. Er saß mit gerunzelter Stirn da und war vor lauter Gereiztheit nicht mehr ansprechbar, wogegen sich Nortons Laune von Minute zu Minute besserte. Aus San Francisco rief ein gewisser Jackson an, ich merkte, daß das der Kerl war, den ich auf der Aussichtsplattform abgeschüttelt hatte, bevor ich runtersprang. Als Norton auflegte, fügte er dem Stoß noch eine weitere Notiz hinzu und wandte sich dann an Keyes. »Klarer Fall von Selbstmord.«

Auch Selbstmord hätte bedeutet, daß die Versicherung nicht haftbar wäre. Diese Police deckte nur Unfälle ab.

»Wirklich?«

»Also, passen Sie mal auf. Erstens hat er diese Versicherung abgeschlossen, und zwar heimlich. Er hat weder seiner Frau, seiner Tochter, seiner Sekretärin noch sonst jemandem etwas davon erzählt. Wenn Huff hier auf Draht gewesen wäre, dann hätte er merken müssen –«

»Was denn?«

»Kein Grund, sauer zu sein, Huff. Aber Sie müssen zugeben, daß es komisch war.«

»Es war überhaupt nicht komisch! So was passiert alle Tage. Wenn *die* versucht hätten, *ihn* zu versichern, ohne daß *er* was davon weiß, *das* hätte komisch ausgesehen.«

»Stimmt. Ziehen Sie Huff da nicht mit rein.«

»Ich sage ja nur, Keyes, daß –«

»Huff hätte es auf jeden Fall vermerkt, wenn ihm irgend etwas komisch vorgekommen wäre, und dann wüßten wir es. Kümmern Sie sich lieber um Ihre eigenen Agenten.«

»Na gut, was soll's. Jedenfalls schließt er seine Versicherung also in aller Heimlichkeit ab. Warum wohl? Weil ihm klar ist, daß seine Familie sonst wüßte, was er vorhat. Sie haben gewußt, daß er mit diesem Gedanken spielte, davon können wir ausgehen, und wenn wir uns seine Geschäftsbücher und seine Biographie betrachten, werden wir auch herausfinden, wo das Problem lag. Gut, der nächste Punkt: Er hat sich das Bein gebrochen, aber keinen Schadensanspruch angemeldet. Warum wohl? *Weil er fest vorhatte, Selbstmord zu begehen und befürchtete, daß seine Familie dadurch von dieser Police erfahren und ihn von der Tat abhalten würde.*«

»Wie denn?«

»Wenn die uns angerufen hätten, hätten wir die Versicherung doch annulliert, oder? Na klar. Wir hätten ihm die nicht genutzte Prämie in Windeseile zurückerstattet, und das hat er gewußt. O nein, er hätte Gelegenheit gehabt, den Fuß unserem Arzt zu zeigen und sich einen Rat geben zu lassen, aber er hat es nicht getan. Das ist ein wichtiger Punkt.«

»Weiter.«

»Na gut, er nimmt also unter irgendeinem Vorwand den Zug, läßt sich von seiner Frau zum Bahnhof bringen, steigt ein und schickt sie weg. Er ist bereit. Aber plötzlich taucht ein Problem auf. Da sitzt nämlich jemand auf der Aussichtsplattform, und für das, was er vorhat, kann er keine Gesellschaft brauchen. Natürlich nicht. Was tut er also? Er erzählt dem

Mann irgendwas von seiner Fahrkarte, die er im Aktenkoffer vergessen hat, und sobald der Typ weg ist, springt er runter. Das war der Mann, mit dem ich gerade telefoniert habe. Er heißt Jackson und mußte geschäftlich nach Frisco, kommt aber morgen zurück. Er sagt, schon als er Nirdlinger das Angebot mit dem Aktenkoffer machte, habe er das sichere Gefühl gehabt, der wolle ihn loswerden. Aber er habe es einfach nicht übers Herz gebracht, zu jemand »nein« zu sagen, der an Krücken geht. Für mich ist das die endgültige Bestätigung. Ein klarer Fall von Selbstmord. Es gibt keine andere Möglichkeit.«

»Und was jetzt?«

»Als nächstes kommt die Leichenschau. Von uns kann natürlich niemand hin, weil die Geschworenen uns abschlachten, wenn sie erfahren, daß der Tote versichert war. Wir können höchstens ein, zwei Revisoren hinschicken, mehr nicht. Aber Jackson sagt, er werde gern hinkommen und sagen, was er weiß, und dann besteht die Chance, nur eine Chance, aber immerhin, daß es doch ein Suizid-Urteil wird. Wenn ja, sind wir aus dem Schneider. Wenn nicht, müssen wir weiterschauen. Jedenfalls immer nur ein Schritt nach dem andern. Erst mal die Leichenschau, und außerdem weiß man ja nie, was die Polizei noch herauskriegt; vielleicht gewinnen wir gleich die erste Runde.

Keyes wischte sich erneut den Schweiß von der Stirn. Er war so fett, daß ihm die Hitze wirklich zu schaffen machte. Dann zündete er sich eine Zigarette an, sank in sich zusammen und wandte den Blick von Norton ab, wie von einem Schuljungen, dem er seinen Abscheu nicht zeigen wollte. Dann fing er an. »Es war kein Selbstmord.«

»Was soll denn das? Ein klarer Fall!«

»Es war kein Selbstmord.«

Er öffnete seinen Schrank und fing an, dicke Bücher auf den Tisch zu werfen. »Mr. Norton, hier steht, was die Versicherungsstatistiker zum Thema Selbstmord zu sagen haben. Wenn Sie das mal studieren, verstehen Sie vielleicht mehr von der Versicherungsbranche als vorher.«

»Ich bin in der Versicherungsbranche groß geworden, Keyes.«

»Sie sind in Privatschulen groß geworden, Groton und Harvard. Während man Ihnen dort das Rudern beibrachte, habe ich diese Tabellen studiert. Schauen Sie sich's mal an. Hier haben wir Selbstmorde nach Rasse, Farbe, Beruf, Geschlecht, Wohnort, Jahreszeiten, Tageszeit geordnet. Hier Selbstmorde nach Methoden. Hier die Methoden unterteilt in Gifte, Feuerwaffen, Gas, Ertrinken, Sprünge. Hier Selbstmord durch Gift, unterteilt in Geschlecht, Rasse, Alter, Tageszeit. Hier Selbstmord durch Gift, unterteilt in Zyanid, Quecksilber, Strychnin und 38 weitere Giftsorten, von denen sechzehn nicht mehr auf Rezept erhältlich sind. Und hier – hier Mr. Norton – sind Sprünge, unterteilt in Sprünge von hochgelegenen Standpunkten, vor Züge, vor Lastwagen, vor Pferdehufe, von Dampfern. *Aber unter diesen Millionen von Fällen gibt es nicht einen einzigen Sprung vom Ende eines Zugs.* Diese Methode kommt einfach nicht vor.«

»Es wäre aber möglich.«

»Ach wirklich? Dort, wo die Leiche gefunden wurde, fährt dieser Zug höchstens 15 Meilen pro Stunde. Kann jemand, der da abspringt, denn ernsthaft damit rechnen, daß er dabei ums Leben kommt?«

»Es wäre schon möglich. Immerhin hatte dieser Mann ein gebrochenes Genick.«

»Machen Sie sich nicht über mich lustig! Er war doch kein Akrobat.«

»Also, was wollen Sie eigentlich sagen? Daß es so gewesen ist?«

»Hören Sie mal zu, Mr. Norton. Wenn ein Mann eine Versicherung abschließt, eine Versicherung über 50 000 Dollar für den Fall, daß er bei einem Zugunglück ums Leben kommt, und er kommt drei Monate später *tatsächlich* beim Zugfahren ums Leben, dann stimmt an der Sache irgend etwas nicht. Unmöglich. Wenn es ein Zugunglück wäre schon eher, aber selbst dann wäre es ein äußerst verdächtiger Zufall. Ein *äußerst* verdächtiger Zufall. Nein, irgend etwas stimmt da nicht. Aber es war kein Selbstmord.«

»Was denn sonst?«

»Das wissen Sie doch.«

»... Mord.«

»Ja, Mord.«

»Einen Moment, Keyes, einen Moment. Warten Sie, bis ich soweit bin. Was haben Sie denn für Beweise?«

»Keine.«

»Aber Sie müssen doch irgend etwas haben.«

»Ich sagte doch, nein. Wer immer es war, er hat es perfekt durchgeführt. Es gibt keine Beweise. Und trotzdem handelt es sich um Mord.«

»Haben Sie jemanden im Verdacht?«

»Wenn Sie mich fragen, steht der Nutznießer einer solchen Versicherung automatisch unter Verdacht.«

»Sie meinen die Frau?«

»Ja, ich meine die Frau.«

»Aber sie ist doch gar nicht auf dem Zug gewesen!«

»Dann war es eben jemand anderes.«

»Haben Sie eine Ahnung wer?«

»Nicht die geringste.«

»Und das ist alles?«

»Ich habe doch schon gesagt, daß ich keine Beweise habe. Nichts als diese Tabellen, meinen eigenen Instinkt und meine Erfahrung. Da ist jemand raffiniert vorgegangen, aber es war kein Unfall und kein Selbstmord.«

»Und was sollen wir jetzt tun?«

»Ich weiß nicht. Lassen Sie mich eine Minute nachdenken.« Er dachte eine halbe Stunde nach. Norton und ich saßen da und rauchten. Nach einer Weile schlug Keyes ein paarmal mit der flachen Hand auf den Schreibtisch. Er war sich seiner Sache sicher, das sah man ihm an.

»Mr. Norton.«

»Mr. Keyes?«

»Sie können nur eines tun. Es verstößt zwar gegen die übliche Praxis, und in jedem anderen Fall wäre ich dagegen, aber hier nicht. Da gibt es ein paar Punkte, aus denen ich schließe, daß es gerade die übliche Praxis ist, auf die die Täter bauen. Normalerweise ist es nämlich üblich, abzuwarten, bis sie von selbst auf einen zukommen, nicht wahr? Davon rate ich ab. Mein Rat wäre, sofort zuzuschlagen, wenn möglich noch heute abend und wenn nicht heute abend, dann ganz sicher am Tag der Leichenschau, und diese Frau anzuklagen. Mein Rat wäre, sie wegen Mordverdachts anzuzeigen und so hart und rasch wie möglich gegen sie vorzugehen. Ich würde Ihnen raten, Ihre Festnahme und Inhaftierung zu fordern, und zwar für die vollen 48 Stunden Einzelhaft, die das Gesetz in einem solchen Fall erlaubt. Mein Rat wäre, sie mit allen Mitteln, die der Polizei zur Verfügung stehen, in die Mangel zu nehmen. Vor allem müßte man sie von ihrem Komplizen trennen, wer immer das auch sein mag, damit man den Überraschungseffekt auf seiner Seite hat und die beiden keine weiteren Pläne mehr schmieden können. Gehen Sie so vor, und denken Sie an meine Worte – Sie werden staunen!«

»Aber – *welcher Beweis*?«

»Keiner.«

»Aber Keyes, so etwas können wir doch nicht machen! Angenommen, wir finden nichts – wir drehen sie durch die Mangel und finden nichts! Angenommen, es war wirklich ein Unfall. Überlegen Sie doch, was das für uns bedeuten würde! Meine Güte, sie könnte uns in einem Zivilprozeß das Genick brechen und die Geschworenen würden ihr alles geben, was sie will, bis auf den letzten Penny. Ich bin mir nicht sicher, ob man uns nicht sogar wegen verbrecherischer Verleumdung drankriegen könnte. Und betrachten Sie doch auch mal die andere Seite. Wir geben jedes Jahr 100 000 Dollar für Werbung aus. Wir stellen uns als Freund der Witwen und Waisen dar. Das alles investieren wir für das Image unserer Firma und was dann? Dann kann man uns vorwerfen, daß wir eine Frau eher des Mordes beschuldigen, als ihr ihren rechtmäßigen Schadensanspruch auszuzahlen.«

»Es ist kein rechtmäßiger Schadensanspruch.«

»Doch, bis wir das Gegenteil beweisen.«

»Na gut. Sie haben recht. Ich habe ja gesagt, daß es gegen die übliche Praxis verstößt. Aber lassen Sie mich eines sagen, Mr. Norton, und zwar jetzt: Wer immer das Ding gedreht hat, er war nicht blöd. Er oder sie oder vielleicht auch beide oder alle drei oder wie viele auch immer daran beteiligt waren – sie haben gewußt, was sie tun. Man wird sie nicht erwischen, wenn man einfach nur herumsitzt und auf Spuren wartet. Daran haben die gedacht. Es gibt keine Spuren. Man kann sie nur kriegen, wenn man aktiv gegen *sie* vorgeht. Egal, ob es sich um eine Schlacht oder einen Mordfall handelt, der Überraschungseffekt ist eine Waffe, die unter Umständen wirken *kann*. Ich sage nicht, daß sie wirken wird. Aber ich sage, sie kann wirken. Und es ist die einzige Möglichkeit.«

»Aber Keyes, das geht einfach nicht!«

»Warum nicht?«

»Keyes, das hatten wir doch schon unzählige Male. Jede Versicherungsfirma hatte das schon unzählige Male. Wir haben unsere Praxis, und die kann man nicht einfach über den Haufen werfen. Das ist ein Fall für die Polizei. Wir können der Polizei helfen, wenn wir was in der Hand haben. Wir können Informationen oder einen Verdacht weiterleiten. Wir können alles tun, was gesetzmäßig und legitim ist – aber was das hier betrifft –«

Er brach ab. Keyes wartete, aber er beendete seinen Satz nicht.

»Was ist denn daran gesetzwidrig, Mr. Norton?«

»Nichts. Es ist völlig gesetzmäßig – aber es ist verkehrt. Wir geben uns eine Blöße. Wir sind ohne jeglichen Schutz – falls es nicht klappt. So etwas hat mir noch niemand vorgeschlagen. Es ist – taktisch falsch, das will ich damit sagen.«

»Aber strategisch richtig.«

»Wir haben eine Strategie. Wir haben unsere altbewährte Strategie und die kann man nicht einfach über den Haufen werfen. Hören Sie, es *könnte* ja doch Selbstmord sein. Wir können sagen, daß wir an Selbstmord glauben, aber zum richtigen Zeitpunkt, dann sind wir in Sicherheit. Die Beweislast liegt bei ihr. Das will ich damit sagen. Auf einem solchen Pulverfaß möchte ich nicht in die Lage kommen, daß die Beweislast bei uns liegt, das können Sie mir glauben.«

»Sie werden also nicht gegen sie vorgehen?«

»Noch nicht, Keyes, noch nicht. Später vielleicht, mal sehen. Aber solange uns die altbewährte, sichere Methode bleibt, möchte ich mich auf nichts anderes einlassen.«

»Ihr Vater –«

»Hätte genauso gehandelt. Ich denke an ihn.«

»Nein, er hätte anders gehandelt. Der alte Norton konnte eine Gelegenheit am Schopf packen.«

»Tja, ich bin eben nicht mein Vater.«

»Sie tragen die Verantwortung.«

Ich ging nicht zur Leichenschau, auch Norton und Keyes nicht. Keine Versicherungsfirma kann es sich leisten, die Geschworenen, ob es sich nun um eine Leichenschau handelt oder nicht, darauf hinzuweisen, daß der Tote versichert war. Die Firma ist erledigt, wenn das herauskommt. Man schickte zwei Prüfer hin, unauffällige Durchschnittstypen, die bei der Presse saßen. Sie haben uns berichtet, wie es war. Jeder der Anwesenden identifizierte die Leiche und erzählte seine Geschichte, Phyllis, die beiden Schaffner, der Gepäckträger, ein paar Fahrgäste, die Polizei und vor allem dieser Jackson, der es ihnen einhämmerte, daß ich versucht hatte, ihn loszuwerden. Das Urteil der Jury lautete, »daß besagter Herbert S. Nirdlinger am Abend des dritten Juni gegen 22 Uhr durch

Genickbruch infolge eines Sturzes vom Zug ums Leben kam, wobei der Jury die näheren Umstände nicht bekannt sind«. Norton war überrascht. Er hatte wirklich auf ein Suizid-Urteil gehofft. Ich war nicht überrascht. Die wichtigste Person bei der Leichenschau sagte kein Wort. Ich hatte es Phyllis immer wieder eingepaukt, wie unentbehrlich sie war, weil ich ja diesen Suizid-Kram einkalkuliert hatte und wir darauf vorbereitet sein mußten. Und zwar war das der Pfarrer. Sie hatte ihn gebeten, mitzukommen und mit dem Bestattungsunternehmer über das Begräbnis zu sprechen. Wenn den Geschworenen bei einer Leichenschau erst einmal klar wird, daß es um eine Beisetzung in geweihter Erde geht, dann könne der Tote Gift genommen, sich die Kehle durchgeschnitten und von einem Dock gesprungen sein, und im Urteil hieße es immer noch: »... wobei der Jury die näheren Umstände nicht bekannt sind«.

Nachdem die Prüfer Bericht erstattet hatten, saßen Norton, Keyes und ich wieder beieinander, diesmal in Nortons Büro. Es war gegen fünf Uhr nachmittags. Keyes war sauer. Norton war enttäuscht, versuchte aber immer noch den Eindruck zu erwecken, er habe das Richtige getan. »Na ja, Keyes, jetzt sind wir auch nicht schlechter dran.«

»Aber Sie sind auch nicht besser dran.«

»Jedenfalls haben wir keine Dummheiten gemacht.«

»Und was jetzt?«

»Jetzt? Ich folge der Praxis. Ich warte ab. Ich lehne die Haftung mit der Begründung ab, daß es für einen Unfall keinen Beweis gibt, und zwinge diese Frau zu prozessieren. Und dann werden wir ja sehen.«

»Sie sind erledigt.«

»Ich weiß, daß ich erledigt bin, aber trotzdem werde ich es so machen.«

»Was heißt das, Sie wissen, daß Sie erledigt sind?«

»Na ja, ich habe der Polizei gegenüber von unserem Mordverdacht gesprochen, und man sagte mir, daran hätten sie anfangs auch gedacht, aber jetzt nicht mehr. Sie haben sich damit befaßt. Die haben auch ihre Bücher, Keyes, und wissen, wie Morde begangen werden und wie nicht. Anscheinend haben die noch nie von einem Fall gehört, wo bei einem Mord oder auch nur einem Mordversuch jemand vom letzten Wagen eines langsam fahrenden Zugs gestoßen wurde. Die sind ganz Ihrer Meinung. Wie konnte ein Mörder, vorausgesetzt, es gab einen, sicher sein, daß der Mann sterben würde? Angenommen, er wäre nur verletzt worden? Was wäre dann aus den Tätern geworden? Nein, sie versichern mir, daß es wirklich ein Unfall war. Einfach eine dieser verrückten Geschichten, sonst nichts.«

»Wurden alle Fahrgäste des Zuges überprüft? Hat man herausgefunden, ob vielleicht einer dabei war, der Nirdlingers Frau kennt? Meine Güte, Mr. Norton, erzählen Sie mir doch nicht, daß die das versäumt hätten. *Ich sage Ihnen, da war noch jemand auf dem Zug!*«

»Die waren sogar noch gründlicher und haben den Schlafwagenschaffner verhört. Er hat sich damals direkt neben die Tür gesetzt, um gleich zu Beginn der Fahrt die Karten abzuknipsen, und ist sich ganz sicher, daß außer Nirdlinger niemand draußen war. Er hätte nämlich sonst beiseite rücken müssen. Er kann sich daran erinnern, daß Jackson hinausging, ungefähr zehn Minuten, bevor der Zug abfuhr. Er erinnert sich auch an den Mann mit Krücken und daran, daß Jackson zurückkam. Außerdem erinnert er sich noch daran, daß Jackson wieder hinausging, mit der Aktentasche unterm Arm, und daß er zum zweiten Mal zurückkam. Jackson hat nicht gleich über Nirdlingers Verschwinden berichtet. Er dachte einfach, Nirdlinger sei in den Waschraum gegangen, und sagte es dem Schaffner erst gegen Mitternacht, als er schlafengehen wollte und die Aktentasche, in der er Nirdlingers Fahrkarte vermutete, immer noch mit sich herumtrug. Fünf Minuten später, in Santa Barbara, erreichte den Schaffner ein Telegramm aus Los Angeles, und daraufhin beschlagnahmte er Nirdlingers Gepäck und begann, Namen zu notieren. Es war niemand draußen. Dieser Mann ist vom Zug gefallen, das ist alles. Wir sind erledigt. Es ist wirklich so passiert.«

»Wenn es so ist, warum zahlen Sie sie dann nicht aus?«

»Na ja, einen Moment. Das ist meine Theorie. Das ist die Theorie der Polizei. Aber es gibt immer noch ein paar wichtige Hinweise auf Selbstmord –«

»Überhaupt keine.«

»Jedenfalls so viele, Keyes, daß ich es meinen Aktionären schuldig bin, diese Sache vor Gericht zu bringen und eine Geschworenenjury entscheiden zu lassen. Ich mag mich irren. Die Polizei mag sich irren. Bevor dieser Fall verhandelt wird, fördern wir vielleicht noch viel zutage. Mehr unternehme ich nicht. Ich überlasse die Entscheidung einer Jury, und wenn sie entscheidet, daß wir haftbar sind, dann zahle ich die Frau aus, und zwar ohne zu murren. Aber ich kann ihr nicht einfach ein Geldgeschenk machen.«

»Das werden Sie aber, wenn Sie bei Selbstmord bleiben.«

»Warten wir's ab.«

»Ja, warten wir's ab.«

Ich ging mit Keyes in sein Büro zurück. Er knipste das Licht an.

»Er wird schon sehen. Ich hatte schon zu viele Fälle, Huff. Wenn Sie so viele Fälle hatten, dann ist Ihnen das einfach klar, und Sie wissen nicht mal, warum. Hier handelt es sich eindeutig um Mord ... Sie haben den Schlafwagenschaffner verhört, nicht wahr. Er hat niemand hinausgehen sehen. Und woher wollen die wissen, daß sich keiner von draußen hinaufgeschwungen hat? Woher wollen die wissen –«

Er brach ab, sah mich an und begann zu fluchen und zu toben wie ein Irrer. »Ich habe es ihm doch gesagt! Ich hab ihm doch von Anfang an gesagt, er soll sie sich vorknöpfen! Ich hab ihm doch gesagt, er soll sie inhaftieren lassen, ohne diese Leichenschau abzuwarten! Ich hab ihm doch gesagt –!«

»Was glauben Sie eigentlich, Keyes?« Mein Herz hämmerte, schnell.

»Er ist nie in dem Zug gewesen!«

Jetzt schrie er und schlug auf den Schreibtisch. »Er ist überhaupt nie in dem Zug gewesen! Jemand hat seine Krükken genommen und ist an seiner Stelle in den Zug gestiegen! Natürlich mußte dieser Kerl Jackson loswerden! Er durfte ja ab der Stelle, wo sie die Leiche hinlegen wollten, von niemandem mehr lebend gesehen werden! Und jetzt haben wir diese verfluchten Identifizierungen gegen uns –«

»Diese was?« Ich wußte natürlich, was er meinte. Auf diese Identifizierungen bei der Leichenschau hatte ich von Anfang an gesetzt, und deshalb hatte ich so darauf geachtet, daß mir niemand im Zug ins Gesicht sah. Ich dachte, die Krücken, der Fuß, die Brille, die Zigarre und etwas Phantasie würden reichen.

»Bei der Leichenschau! Wie genau hat denn irgendeiner dieser Zeugen den Mann gesehen? Nur ein paar Sekunden im Dunkeln, vor drei oder vier Tagen. Dann hebt der Leichenbeschauer ein Tuch von einem Toten, die Witwe sagt ja, das ist er, und dann widerspricht natürlich keiner mehr. Und jetzt zu uns! Wenn Norton sie festgenagelt hätte, dann hätten wir diese Identifizierungen anfechten können und alles andere auch, die Polizei wäre hellhörig geworden, und wir wären jetzt weiter. Aber so –! Er läßt sie also prozessieren! Soll er doch versuchen, die Identifizierungen jetzt anzufechten. Das wird ihm nicht mehr gelingen. Jeder Rechtsanwalt kann diese Zeugen fertigmachen, wenn sie ihre Aussage jetzt noch einmal abändern. So sieht also die altbewährte Methode aus! So sieht es also aus, wenn man kein Risiko eingeht! Und so hätte der alte Norton also auch gehandelt! Nein, Huff, der alte Norton hätte inzwischen schon ein Geständnis von dieser Frau. Sie hätte ein Schuldbekenntnis abgelegt und wäre schon auf dem Weg nach Folsom, lebenslänglich. Und jetzt schauen Sie sich unsere Lage an! Schauen Sie sich das an! Der entscheidende Moment ist vorbei, und wir haben verloren. Wir haben verloren... Hören Sie, wenn dieser Kerl Direktor bleibt, ist das der Ruin der Firma. Solche Schläge wie den und den letzten hält man nicht oft aus. Meine Güte! Fünfzigtausend Dollar, und alles aus Dummheit. Aus purer, vorsätzlicher Dummheit!«

Mir verschwamm alles vor den Augen. Er fing wieder an und beschrieb jetzt, wie Nirdlinger umgebracht wurde. Er sagte, dieser Kerl, wer immer es war, hätte seinen Wagen in Burbank stehenlassen und sei dort vom Zug gesprungen. Die Frau habe ihn dort erwartet, und sie seien in zwei Wagen – in einem lag die Leiche – zu der Stelle gefahren, wo sie die Leiche auf die Schienen legten. Er wies nach, daß ihr Zeit blieb, nach Burbank zu fahren und dann rechtzeitig zurückzusein, um im Drugstore um 22 Uhr 20 ein Eis zu kaufen. Sogar das hatte er herausgekriegt. Was den Tathergang betraf tappte er zwar völlig im dunkeln, aber insgesamt kam er der Wahrheit so nahe, daß meine Lippen beim Zuhören erstarrten.

»Tja, Keyes, was werden Sie jetzt tun?«

»... Gut, er will abwarten, er will sie prozessieren lassen – mir soll es recht sein. Er wird sich über den Toten informieren, um etwas über die möglichen Gründe für den Selbstmord herauszufinden. Auch das soll mir recht sein. Ich für mein Teil werde *sie* beobachten. Jede Bewegung, alles, was sie tut. Ich werde es erfahren. Früher oder später, Huff, muß sich dieser Kerl ja mal zeigen. Sie müssen sich irgendwo treffen. Und wenn ich weiß, wer es ist, dann werden Sie schon sehen. Soll sie doch gegen uns prozessieren! Aber wenn sie den Zeugenstand betritt, glauben Sie mir, Huff, dann wird Norton alles zurücknehmen. Er wird jedes seiner Worte zurücknehmen, und die Polizei wird vielleicht auch einiges zurücknehmen. O nein, ich bin noch lange nicht fertig.«

Ich saß in der Falle, das war mir klar. Wenn sie vor Gericht ging und im Zeugenstand den Kopf verlor, wer weiß, was dann passierte. Ging sie aber nicht vor Gericht, dann war es noch schlimmer. Wenn sie keinen Versuch machte, die Versicherungssumme zu kassieren, würde das so komisch aussehen, daß sich vielleicht sogar die Polizei einschaltete. Ich wagte nicht, sie anzurufen, weil ihr Telefon womöglich noch immer überwacht wurde. An jenem Abend tat ich das gleiche wie an den beiden Abenden vor der Leichenschau: Ich besoff mich oder versuchte es zumindest. Ich trank einen Liter Cognac, aber er hatte keine Wirkung. Die Beine fühlten sich komisch an, mir summten die Ohren, aber meine Augen starrten immer noch ins Dunkel, und ich zerbrach mir weiterhin den Kopf, was ich tun sollte. Ich wußte es nicht. Ich konnte nicht schlafen, ich konnte nichts essen. Ich konnte mich nicht mal mehr betrinken.

Phyllis rief erst am nächsten Abend an. Es war kurz nach dem Dinner, und der Filipino war eben weggegangen. Ich traute mich kaum den Hörer abzunehmen, aber es mußte sein. »Walter?«

»Ja. Erst mal, wo steckst du? Zu Hause?«

»Ich bin in einem Drugstore.«

»Oh. Also, okay, sprich weiter.«

»Lola benimmt sich so komisch, daß ich nicht mal mehr mein eigenes Telefon benutzen will. Ich bin zum Boulevard hinuntergefahren.«

»Was ist los mit Lola?«

»Ach, ich glaube, sie ist einfach hysterisch. War wohl zuviel für sie.«

»Sonst nichts?«

»Ich glaube nicht.«

»Na gut, schieß los und mach's kurz. Was ist passiert?«

»Furchtbar viel. Ich hatte Angst anzurufen. Ich mußte bis zum Begräbnis zu Hause bleiben, und –«

»Das Begräbnis hat heute stattgefunden?«

»Ja. Nach der Leichenschau.«

»Weiter.«

»Als nächstes wird morgen die Safekassette meines Mannes geöffnet. Der Staat hat irgendwas damit zu tun. Wegen der Erbschaftssteuer.«

»Stimmt. Ist die Police da drin?«

»Ja. Ich habe sie vor etwa einer Woche reingetan.«

»Na gut, ich sag dir jetzt, was du tun mußt. Das Ganze findet im Büro deines Anwalts statt, ja?«

»Ja.«

»Du gehst also hin. Es wird ein Steuerbeamter da sein, das erfordert das Gesetz. Sie werden die Police finden, und du händigst sie deinem Anwalt aus. Sag ihm, er soll deinen Schadensanspruch geltend machen. Bis dahin wird alles andere aufgeschoben.«

»Den Schadensanspruch geltend machen.«

»Genau. Jetzt hör mal zu, Phyllis. Was jetzt kommt, darfst du diesem Rechtsanwalt nicht sagen – jedenfalls jetzt noch nicht. Sie werden dem Anspruch nicht stattgeben.«

»Was sagst du da?«

»Sie werden ihm nicht stattgeben.«

»Müssen sie das denn nicht?«

»Sie glauben, es handle sich um – Selbstmord –, und sie werden dich prozessieren und eine Jury entscheiden lassen, bevor sie zahlen. Sag deinem Anwalt noch nichts davon, er wird es später selbst merken. Er will sicher prozessieren, und du läßt ihn. Der Anwalt kostet uns zwar was, aber das ist unsere einzige Chance. Und dann noch etwas, Phyllis.«

»Ja?«

»Wir können uns nicht sehen.«

»Ich möchte dich aber gern sehen.«

»Es geht aber nicht. Die hoffen zwar, es sei Selbstmord, sind aber furchtbar argwöhnisch. Wenn wir beide uns jetzt sehen würden, könnte es sein, daß sie der Wahrheit so schnell auf die Spur kommen, daß dir das Blut in den Adern erstarren würde. Sie werden dich beschatten, bis sie alles wissen, was sie interessiert, und du *darfst* keinen Kontakt zu mir aufnehmen, es sei denn, es ist dringend, aber selbst dann mußt du mich zu Hause anrufen und von einem Drugstore aus, und nie zweimal hintereinander vom selben Drugstore. Hast du mich verstanden?«

»Meine Güte, das klingt ja, als hättest du Angst.«

»Habe ich auch. Die wissen mehr, als du glaubst.«

»Dann ist es also wirklich ernst?«

»Vielleicht auch nicht, aber wir müssen aufpassen.«

»Dann sollte ich vielleicht lieber nicht prozessieren.«

»Du *mußt* prozessieren! Wenn du das nicht tust, dann sind wir *auf jeden Fall* erledigt.«

»Oh, ja, ich verstehe schon.«

»Du wirst also prozessieren. Paß aber auf, was du diesem Rechtsanwalt erzählst.«

»Gut. Liebst du mich noch?«

»Das weißt du doch.«

»Denkst du an mich? Die ganze Zeit?«

»Die ganze Zeit.«

»Gibt es sonst noch irgend etwas?«

»Nicht daß ich wüßte. Bei dir auch nicht?«

»Ich glaube nicht.«

»Du solltest jetzt auflegen. Es könnte jemand kommen.«

»Das hört sich an, als wolltest du mich loswerden.«
»Reine Vernunft.«
»Gut. Wie lange geht das noch so?«
»Ich weiß nicht. Kann schon noch eine Weile dauern.«
»Ich würde dich schrecklich gern sehen.«
»Ich dich auch.«
»Aber wir müssen eben vorsichtig sein.«
»Also dann – bis bald.«
»Bis bald.«

Ich legte auf. Ich liebte sie wie ein Kaninchen eine Klapperschlange. In dieser Nacht tat ich etwas, das ich jahrelang nicht getan hatte. Ich betete.

9

Etwa eine Woche später kam Nettie eilig in mein Privatbüro und machte die Tür hinter sich zu. »Da ist wieder diese Miss Nirdlinger, Mr. Huff.«

»Sie soll kurz warten. Ich muß noch telefonieren.«

Nettie ging hinaus, und ich telefonierte, weil ich irgend etwas tun mußte, um mich wieder in den Griff zu kriegen. Ich rief zu Hause an und fragte den Filipino, ob irgend jemand für mich angerufen hätte. Er verneinte. Dann sagte ich Nettie, sie könne sie reinschicken.

Sie sah anders aus als letztesmal. Damals hatte sie wie ein Kind ausgesehen. Jetzt sah sie aus wie eine Frau. Zum Teil kam das wohl daher, daß sie Schwarz trug, aber man sah ihr auch an, daß sie einiges durchgemacht hatte. Obwohl ich mir wie ein Schwein vorkam, berührte es mich, daß dieses Mädchen mich mochte. Ich gab ihr die Hand und bot ihr einen Stuhl an. Dann fragte ich sie, wie es ihrer Stiefmutter gehe, und sie antwortete, es gehe ihr den Umständen entsprechend gut, und ich sagte, es sei eine furchtbare Geschichte und die Nachricht hätte mich tief erschüttert. »Und Mr. Sachetti?«

»Über Mr. Sachetti möchte ich lieber nicht reden.«

»Ich dachte, Sie seien mit ihm befreundet.«

»Ich möchte lieber nicht über ihn reden.«

»Entschuldigen Sie.«

Sie stand auf, sah aus dem Fenster und setzte sich wieder.

»Mr. Huff, Sie haben einmal etwas für mich getan, oder zumindest hatte ich das Gefühl, daß es für mich war –«

»Das stimmt auch.«

»Und seit damals habe ich Sie immer als Freund betrachtet. Deshalb bin ich zu Ihnen gekommen. Ich möchte mit Ihnen sprechen – wie mit einem Freund.«

»Aber sicher.«

»Aber wirklich nur wie mit einem Freund, Mr. Huff. Nicht wie mit jemand – aus dem Versicherungsgeschäft. Bevor ich weiß, was ich wirklich will, muß das streng unter uns bleiben. Haben Sie das verstanden, Mr. Huff?«

»Ja.«

»Ich habe ganz vergessen, daß ich Sie ja Walter nennen sollte.«

»Und ich sollte Sie Lola nennen.«

»Komisch, wie unbefangen ich mich Ihnen gegenüber fühle.«

»Fangen Sie nur an.«

»Es geht um meinen Vater.«

»Ja?«

»Um den Tod meines Vaters. Ich kann mir nicht helfen, aber ich habe das Gefühl, daß da irgend etwas dahintersteckt.«

»Ich verstehe Sie nicht ganz, Lola. Was meinen Sie damit, daß etwas dahintersteckt?«

»Ich weiß selbst nicht genau, was ich damit meine.«

»Waren Sie bei der Leichenschau?«

»Ja.«

»Ein oder zwei Zeugen und später dann noch ein paar andere Leute haben uns gegenüber angedeutet, daß sich ihr

Vater vielleicht – selbst umgebracht hat. Ist es das, was Sie meinen?«

»Nein, Walter.«

»Was dann?«

»Das kann ich nicht sagen. Ich bringe es einfach nicht fertig. Es ist so grauenhaft. Weil ich so etwas nämlich nicht zum ersten Mal denke. Ich habe diesen furchtbaren Verdacht nicht zum ersten Mal, es könne mehr dahinterstecken als – alle denken.«

»Ich kann Ihnen immer noch nicht folgen.«

»Meine Mutter.«

»Ja.«

»Als sie starb. Genauso habe ich mich damals auch gefühlt.«

Ich wartete. Sie schluckte ein paarmal, sah aus, als hätte sie es sich noch anders überlegt, und begann dann doch zu sprechen.

»Walter, meine Mutter war lungenkrank. Deswegen hatten wir eine kleine Hütte oben am Lake Arrowhead. An einem Wochenende im tiefen Winter fuhr meine Mutter mit ihrer besten Freundin in diese Hütte. Es war genau auf dem Höhepunkt der Wintersportsaison, und dort droben war allerhand los. Dann telegrafierte sie meinem Vater, daß sie mit dieser anderen Frau zusammen noch eine Woche bleiben wolle. Er dachte sich nichts dabei, schickte ihr telegrafisch ein wenig Geld und schrieb ihr, sie solle ruhig bleiben, solange sie wolle. Er glaubte, es werde ihr guttun. Am Mittwoch jener Woche bekam meine Mutter Lungenentzündung. Am Freitag wurde ihr Zustand kritisch. Ihre Freundin lief zwölf Meilen weit durch Schneeverwehungen und durch den Wald, um einen Arzt zu holen. In der Nähe der Hütte sind keine Hotels. Sie liegt auf der anderen Seite des Sees, und es ist ein weiter Weg um den See herum. Die Freundin erreichte das größte Hotel dort so erschöpft, daß man sie ins Krankenhaus brachte. Der Arzt machte sich auf den Weg, aber bei seiner Ankunft lag meine Mutter schon im Sterben. Sie lebte gerade noch eine halbe Stunde.«

»Und?«

»Wissen Sie, wer diese beste Freundin war?«

Ich wußte es. Ich spürte es an dem wohlbekannten Prikkeln, den Rücken hinauf bis in die Haare. »Nein.«

»Phyllis.«

»...Ja und?«

»Was haben die beiden Frauen denn die ganze Zeit in der Hütte gemacht, mitten im tiefsten Winter? Warum sind sie nicht ins Hotel gezogen wie alle andern auch? Warum hat meine Mutter telegrafiert und nicht angerufen?«

»Sie meinen, es hat jemand anders für sie telegrafiert?«

»Ich weiß nicht, was ich glauben soll, ich weiß nur, daß mir alles äußerst merkwürdig vorkam. Warum ist Phyllis denn so weit gelaufen, um einen Arzt zu holen? Warum hat sie nicht von irgendwo telefoniert? Oder warum ist sie nicht einfach auf Schlittschuhen über den See gefahren, was sie nur eine halbe Stunde gekostet hätte? Sie ist nämlich eine gute Eisläuferin. Warum diese dreistündige Wanderung? *Warum hat sie den Arzt nicht schon früher geholt?*«

»Moment mal. Was hat denn Ihre Mutter zu dem Arzt gesagt, als er –«

»Nichts. Sie war schon im Delirium, und außerdem gab er ihr gleich Sauerstoff.«

»Moment mal, Lola. Ein Arzt ist immer noch ein Arzt, und wenn sie wirklich eine Lungenentzündung *hatte* –«

»Ein Arzt ist ein Arzt, aber Sie kennen Phyllis nicht. Ich könnte Ihnen da einiges erzählen. Erstens ist sie Krankenschwester. Sie ist eine der besten Krankenschwestern in Los Angeles – so haben sie sich kennengelernt, als meine Mutter so schrecklich um ihr Leben kämpfte. Sie ist Krankenschwester und außerdem auf Lungenkrankheiten spezialisiert. Sie würde fast auf die Minute genau den Beginn einer Krisis erkennen, genau wie jeder Arzt. Und sie wüßte auch, wie man eine Lungenentzündung herbeiführt.«

»Was wollen Sie denn damit sagen?«

»Meinen Sie, Phyllis wäre nicht imstande gewesen, meine Mutter in die Nacht hineinzuschicken, in die Kälte, und sie so lange nicht mehr hereinzulassen, bis sie halb erfroren war – trauten Sie Phyllis so etwas nicht zu? Meinen Sie, sie ist so lieb und süß und sanft, wie sie aussieht? Mein Vater hat es geglaubt. Er fand es wundervoll von ihr, daß sie diesen mühseligen langen Marsch auf sich genommen hatte, um ein Leben zu retten, und kaum ein Jahr später hat er sie dann geheiratet. Aber ich habe eine andere Meinung von ihr. Sehen Sie – ich kenne sie. Damals hatte ich sofort den Gedanken, als ich die Nachricht bekam. Und jetzt das.«

»Was soll ich Ihrer Meinung nach tun?«

»Nichts – noch nichts. Außer mir zuhören.«

»Was Sie da sagen oder zumindest andeuten, ist ja ziemlich ernst. Ich glaube, ich weiß jetzt, was Sie meinen.«

»Ich meine es auch. Wirklich.«

»Aber soweit ich verstanden habe, war Ihre Stiefmutter nicht bei Ihrem Vater, zu dem Zeitpunkt –«

»Bei meiner Mutter war sie damals auch nicht. Zu dem Zeitpunkt. Aber davor.«

»Darf ich darüber einmal nachdenken?«

»Bitte, tun Sie das.«

»Sie sind heute ein bißchen überreizt.«

»Und ich habe Ihnen noch nicht mal alles gesagt.«

»Was denn noch?«

»Das kann ich Ihnen nicht sagen. Ich kann es selbst nicht glauben. Und doch – nein, kümmern Sie sich nicht drum. Verzeihen Sie, Walter, daß ich so einfach zu Ihnen komme. Aber ich bin so unglücklich.«

»Haben Sie das irgend jemandem gesagt?«

»Nein.«

»Ich meine das mit Ihrer Mutter, nicht diese letzte Sache.«

»Kein Wort, niemals, keinem Menschen.«

»An Ihrer Stelle würde ich das auch nicht tun. Vor allem nicht – Ihrer Stiefmutter.«

»Ich wohne zur Zeit ja auch gar nicht mehr daheim.«

»Nein?«

»Ich habe mir eine kleine Wohnung genommen, unten in Hollywood. Ich habe ein kleines Einkommen, aus dem Nachlaß meiner Mutter. Nur ganz wenig, aber ich bin ausgezogen, weil ich es bei Phyllis einfach nicht mehr ausgehalten habe.«

»Ach so.«

»Kann ich mal wieder vorbeikommen?«

»Ich sage Ihnen wann. Geben Sie mir Ihre Nummer.«

Ich dachte den halben Nachmittag lang darüber nach, ob ich Keyes etwas davon erzählen sollte. Es wäre besser gewesen, zu meinem eigenen Schutz, das war mir klar. Als Beweis vor Gericht wäre es zwar keinen Pfifferling wert gewesen, und deshalb hätte es auch kein Gericht als Beweis zugelassen. Man kann ja nur für eine einzige Sache angeklagt werden und nicht noch zusätzlich für irgendeine Tat, von der irgend jemand glaubt, man hätte sie vor zwei oder drei Jahren begangen. Aber ich würde äußerst schlecht dastehen, wenn Keyes herausbekäme, daß ich es gewußt hatte, ohne ihm etwas davon zu sagen. Trotzdem brachte ich es nicht über mich. Und ich hatte ja immerhin den Grund, daß ich es diesem Mädchen versprochen hatte.

Gegen vier Uhr kam Keyes in mein Büro und machte die Tür hinter sich zu.

»Tja, Huff, jetzt hat er sich gezeigt.«

»Wer?«

»Dieser Kerl im Fall Nirdlinger.«

»Was?«

»Er ruft sie jetzt ständig abends an. Fünfmal in der Woche.«

»... Wer ist es?«

»Das ist nicht so wichtig. Aber er ist es bestimmt. Jetzt passen Sie mal auf, was ich mache.«

An diesem Abend fuhr ich noch einmal ins Büro zurück, um zu arbeiten. Sobald Joe Pete seine Acht-Uhr-Runde auf meinem Stockwerk beendet hatte, ging ich in Keyes' Büro hinüber und versuchte, seinen Schreibtisch zu öffnen. Er war abgeschlossen. Ich versuchte es mit seinen stählernen Aktenschränken. Auch sie waren abgeschlossen. Ich probierte alle meine Schlüssel aus. Keiner paßte. Als ich schon aufgeben wollte, entdeckte ich das Diktiergerät. Er benutzt nämlich eines. Ich nahm die Schutzhülle ab. Es lag eine Kassette drin, die zu etwa drei Vierteln bespielt war. Nachdem ich mich vergewissert hatte, daß sich Joe Pete im unteren Stockwerk befand, ging ich zurück, setzte den Kopfhörer auf und drückte auf die Starttaste. Zuerst kam eine Menge blödes Zeug, Briefe an Antragsteller, Instruktionen an Revisoren in einem Fall von Brandstiftung, Benachrichtigung eines Angestellten, daß er gefeuert war. Und plötzlich kam dies:

Mitteilung für Mr. Norton
Betr. Agent Walter Huff
Vertraulich – Akte Nirdlinger

Was Ihren Vorschlag betrifft, den Agenten Huff hinsichtlich seiner Verbindung zum Fall Nirdlinger überwachen zu lassen, bin ich völlig anderer Meinung. Natürlich steht auch hier, wie in jedem Fall dieser Art, der Agent automatisch unter Verdacht, und ich habe nicht versäumt, in bezug auf Huff alles Notwendige zu unternehmen. Seine Aussagen stimmen genau mit den Fakten überein, sowohl mit unseren Unterlagen, als auch mit denen des Toten. Ich habe sogar ohne sein Wissen überprüft, wo er am Abend des Verbrechens war, und herausgefunden, daß er den ganzen Abend zu Hause verbracht hat. Das befreit ihn meiner Ansicht nach von jedem Verdacht. Einem Mann mit seiner Erfahrung könnte es schwerlich entgehen, wenn wir ihn beobachten ließen, und wir würden uns auf diese Weise um die Chance seiner freiwilligen Mitarbeit bringen, die uns bis jetzt schon viel genützt hat und auf die wir später vielleicht angewiesen sind. Ich weise Sie außerdem darauf hin, daß er in Fällen von

Betrug bisher überdurchschnittliche Leistungen erbracht hat. Ich würde dringend empfehlen, diese ganze Idee fallenzulassen.

Hochachtungsvoll

Ich spulte zurück und hörte es mir noch einmal an. Es löste allerhand in mir aus. Nicht nur, daß es eine Erleichterung war. Ein komisches Gefühl regte sich in meinem Herzen.

Aber nach weiteren Routinesachen kam auf einmal folgendes:

Vertraulich – Akte Nirdlinger

ZUSAMMENFASSUNG – mündliche Berichte der Prüfer für die Woche bis zum 17. Juni:
Tochter Lola Nirdlinger zog am 8. Juni von zu Hause aus, bezog ein Zweizimmer-Apartment, Lycee Arms, Yucca Street. Überwachung schien nicht nötig.
Witwe blieb bis 8. Juni zu Hause, fuhr dann mit dem Auto weg, hielt vor Drugstore, telefonierte, fuhr an zwei aufeinanderfolgenden Tagen weg, hielt vor Läden und Kaufhäusern, die Damenbekleidung führen.
Abends 11. Juni kam männlicher Anrufer um 20 Uhr 35 an, ging um 23 Uhr 48. Beschreibung: groß, dunkel, sechs- oder siebenundzwanzig. Ruft am 12., 13., 14. und 16. Juni an. Der Mann wurde am Abend des ersten Besuchs beschattet, identifiziert als Beniamino Sachetti, Lilac Court Apartments, North La Brea Avenue.

Ich hatte Angst, Lola weiterhin in mein Büro kommen zu lassen. Da man sie nicht beschatten ließ, konnte ich sie irgendwohin ausführen. Ich rief sie an und fragte sie, ob sie abends mit mir essen gehen würde. Sie sagte, etwas Schöneres könne sie sich gar nicht vorstellen. Ich nahm sie mit zum Miramar in Santa Monica, angeblich, weil es so schön sei, mit Blick auf den Ozean zu essen. Aber der eigentliche Grund war der, daß ich sie in kein Restaurant der Stadt mitnehmen wollte, wo mich vielleicht irgend jemand kannte.

Beim Essen unterhielten wir uns darüber, wo sie zur Schule ging, und warum sie nicht ins College wollte und so weiter. Das Gespräch verlief ein bißchen hektisch, weil wir beide angespannt waren, aber wir kriegten es ganz gut hin. Sie hatte ganz recht: Wir fühlten uns in der Gegenwart des anderen irgendwie wohl. Auf das, was sie mir das letzte Mal erzählt hatte, kam ich erst, als wir nach dem Essen ins Auto stiegen und am Ozean entlangfuhren. Dann brachte ich es selbst zur Sprache.

»Ich habe über das nachgedacht, was Sie mir neulich erzählten.«

»Darf ich etwas dazu sagen?«

»Klar.«

»Inzwischen habe ich das mit mir selber ausgemacht. Ich bin zu dem Schluß gekommen, daß ich mich geirrt habe. Wenn jemand stirbt, den man furchtbar liebhat, dann neigt man leicht dazu, jemandem dafür die Schuld in die Schuhe zu schieben. Vor allem, wenn es jemand ist, den man nicht mag. Und Phyllis mag ich nun mal nicht. Ich habe meine Mutter sehr geliebt. Und meinen Vater fast genauso. Und als er dann Phyllis geheiratet hat – ich weiß nicht recht, das war, als sei etwas passiert, daß eigentlich nicht passieren durfte. Und dann – diese Gedanken. Was ich damals beim Tod meiner Mutter instinktiv empfand, wurde zur tödlichen Gewißheit, als mein Vater Phyllis heiratete. Ich dachte, das sei der Grund, warum sie es getan hatte. Und als dies jetzt passierte, wurde es eine doppelte Gewißheit. Aber ich habe ja keine Beweise, oder? Es ist mir furchtbar schwergefallen, mir darüber klarzuwerden, aber es ist so. Ich habe den Gedanken aufgegeben und wünschte, Sie würden es auch vergessen.«

»Irgendwie bin ich froh.«

»Wahrscheinlich finden Sie mich schrecklich.«

»Ich habe darüber nachgedacht. Ich habe gründlich darüber nachgedacht, und um so gründlicher, als diese Informationen für meine Firma ja äußerst wichtig wären. Aber es gibt keine Beweise. Es ist nur ein Verdacht. Mehr nicht.«

»Ich habe doch gesagt, daß ich nicht einmal mehr den Verdacht habe.«

»Was Sie der Polizei sagen würden, wenn überhaupt, ist sowieso schon bekannt. Der Tod Ihrer Mutter, der Tod Ihres Vaters. Sie können denen sowieso nichts Neues mehr sagen. Was hätte es dann für einen Sinn?«

»Ja, ich weiß.«

»An Ihrer Stelle würde ich es nicht tun.«

»Sie sind also auch dieser Meinung? Daß ich keine Beweise habe?«

»Ja.«

Damit war dieses Thema beendet. Aber ich mußte etwas über diesen Sachetti herausfinden, und zwar ohne daß sie es merkte. »Sagen Sie mal, was ist denn zwischen Ihnen und Sachetti passiert?«

»Ich habe doch schon gesagt, daß ich nicht über ihn reden möchte.«

»Wie haben Sie ihn denn kennengelernt?«

»Durch Phyllis.«

»Durch –?«

»Sein Vater war Arzt. Ich glaube, ich habe Ihnen schon gesagt, daß sie früher Krankenschwester war. Er rief sie an, weil sie irgendeiner neugegründeten Vereinigung beitreten sollte. Aber als er sich dann für mich interessierte, wollte er nicht mehr ins Haus kommen. Und dann, als Phyllis herausbekam, daß ich mich mit ihm traf, erzählte sie meinem Vater die übelsten Geschichten über ihn. Ich sollte ihn nicht mehr treffen, tat es aber trotzdem. Irgend etwas steckte dahinter, das wußte ich. Aber ich fand nie heraus, was es war, bis –«

»Weiter. Bis wann?«

»Ich möchte lieber nicht weitersprechen. Ich habe Ihnen ja gesagt, daß ich nicht mehr glaube, es könnte irgend etwas –«

»Bis wann?«

»Bis mein Vater starb. Und dann schien er sich plötzlich nicht mehr für mich zu interessieren. Er –«

»Ja?«

»Er geht jetzt mit Phyllis.«

»Und –?«

»Begreifen Sie denn nicht, was ich gedacht habe? Muß ich es denn unbedingt aussprechen? Ich dachte, daß die beiden es vielleicht getan haben. Ich dachte, seine Freundschaft mit mir sei nur ein Vorwand gewesen für irgend etwas, ich wußte selbst nicht was. Sie zu sehen, vielleicht. Falls sie geschnappt wurden.«

»Ich dachte, er sei mit Ihnen zusammengewesen – in jener Nacht.«

»So war es eigentlich auch geplant. An der Universität war eine Tanzveranstaltung, und ich fuhr hin. Wir wollten uns dort treffen. Aber dann wurde er plötzlich krank und sagte ab. Also bin ich mit dem Bus ins Kino gefahren. Das habe ich noch niemandem erzählt.«

»Was heißt das, krank?«

»Er war erkältet, das weiß ich. Furchtbar erkältet. Aber – bitte, zwingen Sie mich nicht, noch mehr zu sagen. Ich habe versucht, nicht mehr daran zu denken. Allmählich glaube ich auch, es ist nicht wahr. Wenn er Phyllis sehen will, geht mich das nichts an. Gut, es macht mir was aus. Ich würde lügen, wenn ich das Gegenteil behaupten würde. Aber es ist sein gutes Recht. Nur weil er das tut, habe ich noch lang keinen Grund, das andere von ihm zu denken. Das wäre nicht recht.«

»Wir wollen nicht mehr darüber reden.«

Ich starrte auch in dieser Nacht wieder lange in die Dunkelheit. Ich hatte einen Mann umgebracht, für Geld und eine Frau. Und jetzt hatte ich keins von beiden. Die Frau war eine abgebrühte Mörderin und hatte mich zum Narren gehalten. Sie hatte mich als Werkzeug benutzt, um einen anderen Mann zu bekommen, und hatte genug gegen mich in der Hand, daß sie mich zehnmal an den Galgen bringen konnte. Und wenn der Mann davon wußte, waren es schon zwei. Ich saß im Dunkeln und brach in Gelächter aus, ein hysterisches Gakkern. Ich dachte daran, wie lieb Lola war, und was ich ihr Furchtbares angetan hatte. Dann zog ich ihr Alter von meinem ab. Sie war neunzehn, ich bin vierunddreißig. Das machte einen Unterschied von fünfzehn Jahren. Dann dachte ich, wenn sie schon bald zwanzig war, machte es ja nur noch einen Unterschied von vierzehn Jahren. Und plötzlich setzte ich mich auf und knipste das Licht an. Ich wußte, was das bedeutete.

Ich war in sie verliebt.

10

Zu allem Überfluß reichte Phyllis jetzt auch noch ihren Schadensanspruch ein. Keyes lehnte ab, weil es für einen Unfall noch keine Beweise gab. Dann ging sie vor Gericht und ließ sich von dem Rechtsanwalt vertreten, der sich schon um die Geschäfte ihres Mannes gekümmert hatte. Sie rief mich ungefähr sechsmal an, immer von einem Drugstore aus, und ich erklärte ihr, was sie tun mußte. Inzwischen war es soweit, daß mir schon beim Klang ihrer Stimme übel wurde, aber ich durfte kein Risiko eingehen. Ich sagte, sie müsse sich darauf gefaßt machen, daß man versuchen werde, noch etwas anderes als Selbstmord zu beweisen. Zwar informierte ich sie nicht über alles, was in der Firma gedacht und getan wurde, sagte ihr aber, daß Mord in Erwägung gezogen würde und sie darauf vorbereitet sein müsse, wenn sie den Zeugenstand betrat. Es ließ sie völlig kalt. Sie schien schon fast vergessen zu haben, daß ein Mord passiert war, und benahm sich so, als spiele ihr die Versicherungsfirma einen üblen Streich. Mir war das recht. Es warf zwar ein merkwürdiges Licht auf die menschliche Natur und besonders auf die Natur einer Frau, war aber andererseits genau die Gemütsverfassung, die ich mir für sie wünschte, wenn sie einem Haufen Firmenanwälten gegenübersaß. Wenn sie an ihrer Geschichte festhielt, konnte eigentlich nichts schiefgehen, selbst wenn Keyes bis dahin noch soviel ausgegraben hatte.

Dies alles dauerte etwa einen Monat, und die Verhandlung sollte Anfang Herbst stattfinden. Ich sah Lola den ganzen Monat über, an drei oder vier Abenden pro Woche. Ich rief sie in ihrem Apartment an, und dann gingen wir zusammen essen und machten anschließend eine Autofahrt. Obwohl sie auch ein Auto hatte, nahmen wir meistens meines. Inzwischen brachte sie mich fast um den Verstand. Und dabei mußte ich die ganze Zeit daran denken, was ich ihr angetan hatte und wie furchtbar es wäre, wenn sie jemals irgend etwas davon erfahren würde. Aber da war noch etwas. Sie hatte eine so bezaubernde Art, und wir verstanden uns so gut, ich meine, wir waren glücklich, wenn wir zusammen waren. Ich jedenfalls. Aber sie auch, das wußte ich. Und eines Abends passierte dann etwas. Wir hatten am Ozean geparkt, etwa drei Meilen oberhalb von Santa Monica. Dort kann man an manchen Stellen im Auto sitzen und die Aussicht genießen. Wir saßen also nebeneinander und schauten zu, wie der Mond über den Ozean heraufstieg. Das klingt komisch, nicht wahr, daß man zuschauen kann, wie der Mond über den Pazifik heraufkommt? Und doch war es so. Die Küste verläuft hier fast genau von Osten nach Westen, und wenn links der Mond aufgeht, ist er bildschön. Als er gerade aus dem Meer gestiegen war, schob sie ihre Hand in meine. Ich hielt sie fest, aber dann zog sie die Hand schnell wieder zurück.

»Das darf ich nicht.«

»Warum denn nicht?«

»Aus vielen Gründen. Erstens ist es dir gegenüber nicht fair.«

»Habe ich mich denn beschwert?«

»Du magst mich, nicht wahr?«

»Ich bin verrückt nach dir.«

»Ich bin auch ganz schön verrückt nach dir, Walter. Ich weiß gar nicht, was ich diese letzten Wochen ohne dich gemacht hätte. Nur –«

»Nur was?«

»Bist du sicher, daß du es hören willst? Es könnte dir weh tun.«

»Lieber hören als raten.«

»Es ist wegen Nino.«

»Ja?«

»Ich glaube, er bedeutet mir immer noch ziemlich viel.«

»Hast du ihn gesehen?«

»Nein.«

»Du wirst schon drüber hinwegkommen. Laß mich dein Doktor sein. Ich werde bestimmt Abhilfe schaffen. Gib mir nur ein wenig Zeit, dann verspreche ich dir, daß es dir wieder gut geht.«

»Du bist für mich ein lieber Doktor. Nur –«

»Noch ein ›nur‹?«

»Ich *habe* ihn gesehen.«

»Oh.«

»Nein, ich habe vorhin die Wahrheit gesagt. Ich habe nicht mit ihm gesprochen. Er weiß gar nicht, daß ich ihn gesehen habe. Nur –«

»Das sind wirklich eine Menge ›Nurs‹.«

»Walter –«

Sie wurde immer aufgeregter und wollte es vor mir verbergen.

»Er hat es nicht getan!«

»Nein?«

»Das wird dich jetzt schrecklich verletzen, Walter. Aber ich kann es nicht ändern. Du kannst genausogut die Wahrheit erfahren. Ja, ich bin ihnen oft hinterhergefahren, ich war wie von Sinnen. Aber gestern nacht hatte ich zum ersten Mal Gelegenheit, sie zu belauschen. Sie sind zur Aussichtsplatte hinaufgefahren und haben dort geparkt, ich ließ den Wagen unten und bin ihnen nachgeschlichen. Oh, es war ziemlich schlimm. Er hat ihr gesagt, er sei vom ersten Moment an in sie verliebt gewesen, hätte aber gesehen, daß es hoffnungslos sei – bis das passiert ist. Aber das war noch nicht alles. Sie haben über Geld geredet. Er hat alles ausgegeben, was du ihm gegeben hast, und hat seinen Doktor immer noch nicht. Er hat für seine Dissertation bezahlt, aber den Rest hat er für Phyllis ausgegeben. Und er sprach darüber, wo er Geld herkriegen könnte. Hör mal, Walter.«

»Ja?«

»Wenn sie es zusammen getan hätten, dann müßte sie ihm doch Geld geben, oder?«

»Sieht so aus.«

»Es war kein einziges Mal davon die Rede, daß sie ihm Geld geben könnte. Ich bekam Herzklopfen, als mir klar wurde, was das hieß. Und dann haben sie sich noch weiter unterhalten. Sie waren etwa eine Stunde dort. Sie haben über viele Dinge gesprochen, und ich war mir plötzlich sicher, daß er nichts damit zu tun hatte und nichts darüber wußte. Ich war mir sicher! Walter, ist dir klar, was das bedeutet? *Er hat es nicht getan!*«

Sie war so aufgeregt, daß sie meinen Arm wie mit Fingern aus Stahl umklammerte. Ich konnte ihr nicht folgen. Ich sah nur, daß sie an irgend etwas dachte, an etwas tausendmal Wichtigeres, als daß Sachetti unschuldig war.

»Ich versteh dich nicht ganz, Lola. Ich dachte, du hast den Gedanken aufgegeben, daß *überhaupt* irgend jemand dahintersteckt.«

»Den werde ich nie aufgeben. Ja, ich hatte ihn eine Zeitlang aufgegeben oder es zumindest versucht. Aber nur, weil ich dachte, *er* hätte irgendwie damit zu tun, und das wäre zu schrecklich gewesen. Wenn er irgend etwas damit zu tun hatte, dann konnte es zumindest nicht *das* sein, soviel war mir klar. Ich *mußte* es herausbekommen, um es wirklich zu glauben. Aber jetzt – o nein, Walter, ich habe den Gedanken nicht aufgegeben. Sie hat es getan, irgendwie. Das weiß ich. Und jetzt kriege ich sie. Ich kriege sie, und wenn es das letzte ist, was ich tue!«

»Wie denn?«

»Sie prozessiert gegen deine Firma, stimmt's? Nicht einmal davor schreckt sie zurück. Na gut. Deine Firma braucht sich aber keine Sorgen zu machen. Ich werde zur Verhandlung kommen und direkt neben dir sitzen, Walter. Und dann sage ich denen, welche Fragen sie ihr stellen sollen. Ich sage ihnen –«

»Einen Moment, Lola, einen Moment –«

»Ich sage denen alles, was sie wissen müssen. Ich hab ja neulich erwähnt, daß ich dir noch lang nicht alles erzählt habe. Die sollen sie fragen, wie das damals war, als ich sie im Schlafzimmer ertappte. Sie hatte irgendeinen lächerlichen roten Seidenfetzen an, der wie ein Schleier aussah, das Gesicht war mit weißem Puder und rotem Lippenstift vollgeschmiert, und sie hatte einen Dolch in der Hand und schnitt vor dem

Spiegel Grimassen. O ja, das sollen sie sie fragen. Und auch, warum sie sich eine Woche vor dem Tod meines Vaters nach einem schwarzen Kleid umschaute. Sie weiß nicht, daß ich das weiß. Ich bin etwa fünf Minuten, nachdem sie weg war, in den Laden gegangen. Die Verkäuferin war gerade dabei, alles wieder wegzuräumen, und sagte, es seien so entzückende Kleider dabeigewesen, nur verstehe sie nicht, warum sich Mrs. Nirdlinger dafür interessierte, weil es nämlich ausgesprochene Trauerkleider seien. Das war einer der Gründe, warum ich wollte, daß mein Vater diese Reise macht – damit er aus dem Haus war und ich herauskriegen konnte, was sie vorhatte. Ich werde denen sagen –«

»Aber warte doch mal eine Sekunde, Lola. Das kannst du doch nicht machen. Schau mal, solche Sachen können die sie doch nicht fragen –«

»Wenn die es nicht können, dann kann ich's! Ich werde mitten in der Verhandlung aufstehen und sie ihr ins Gesicht schreien! Man wird mich hören. Kein Richter, kein Polizist, niemand kann mich aufhalten. Ich quetsche es aus ihr heraus, und wenn ich sie würgen muß! *Ich bringe sie zum Reden! Daran wird mich niemand hindern!*«

11

Ich weiß nicht mehr, wann ich den Entschluß faßte, Phyllis zu töten. Mir kam es so vor, als hätte ich die ganze Zeit seit jenem Abend irgendwo im Hinterkopf gewußt, daß ich sie töten mußte, weil sie all das über mich wußte und die Welt einfach nicht groß genug ist für zwei Menschen, die einander so in der Hand haben. Aber ich weiß noch, in welchem Augenblick ich die Entscheidung traf, *wann*, *wo* und *wie* ich sie umbringen würde. Es war kurz nach jenem Abend, an dem Lola und ich zugesehen hatten, wie der Mond über den Ozean heraufstieg. Denn der Gedanke, daß Lola im Gerichtssaal so eine Szene hinlegen und Phyllis dann zurückschlagen und ihr die Wahrheit sagen würde, dieser Gedanke war doch zu grauenhaft. Vielleicht habe ich es noch nicht richtig erklärt, was ich für dieses Mädchen empfand. Es war etwas vollkommen anderes als bei Phyllis. Phyllis brauchte ich nur anzusehen, da packte mich schon eine Art krankhafter Erregung. Aber hier war es etwas ganz anderes. Es war einfach nur ein süßer Friede, der über mich kam, sobald ich mit ihr zusammen war, zum Beispiel, wenn wir eine Stunde lang spazierenfuhren, ohne ein Wort zu sprechen, und sie dann zu mir aufsah und es immer noch nichts zu reden gab. Ich verabscheute, was ich getan hatte, und ich wurde die Vorstellung nicht los, daß ich Lola – wenn es eine Möglichkeit gäbe, daß sie es niemals herausfinden würde – vielleicht heiraten und das Ganze vergessen konnte, um für den Rest meines Lebens mit ihr glücklich zu sein. Es gab nur eine einzige Möglichkeit, wirklich sicherzugehen, und zwar, daß ich alle Mitwisser beseitigte. Was Lola über Sachetti sagte, zeigte, daß es wirklich nur um eine Person ging – Phyllis. Und nach dem, was Lola mir von ihrem Plan erzählt hatte, mußte ich schnell handeln, bevor der Prozeß stattfand.

Aber um zu verhindern, daß Sachetti zurückkam und sie mir wieder wegnahm, wollte ich dafür sorgen, daß er in eine zwielichtige Situation geriet. Die Polizei kann man zwar nicht so leicht an der Nase herumführen, Lola jedoch würde nie ganz sicher sein, ob er es nicht vielleicht doch getan hatte. Und wenn er das eine getan hatte, dann hieß das für sie natürlich, daß er wahrscheinlich auch zum anderen fähig gewesen war.

Am nächsten Tag erledigte ich in der Finanzierungsgesellschaft eine Menge Routinekram und schickte den Angestellten auf einen Besorgungsgang. Dann nahm ich die Akte Sachetti heraus und legte sie in meinen Schreibtisch. Bei dieser Akte befand sich ein Schlüssel zu seinem Wagen. Um im Fall eines Eigentumsvorbehalts Ärger zu vermeiden, ist es in unserer Firma üblich, daß jeder Kreditnehmer bei den übrigen Unterlagen auch seinen Wagenschlüssel deponiert, und natürlich hatten wir das von Sachetti auch verlangt. Das war im Winter gewesen, als er das Darlehen auf seinen Wagen aufnahm. Ich nahm den Schlüssel aus dem Umschlag, und als ich zum Mittagessen ging, ließ ich ein Duplikat anfertigen. Zurück vom Mittagessen, schickte ich den Angestellten noch einmal weg, steckte den Originalschlüssel wieder in den Umschlag und stellte die Akte zurück. So wollte ich es haben. Ich besaß jetzt den Schlüssel zu seinem Wagen, und kein Mensch wußte, daß ich die Akte jemals herausgenommen hatte. Als nächstes mußte ich Phyllis erwischen, wagte aber nicht, sie anzurufen. Ich mußte warten, bis sie mich anrief. Drei Abende lang saß ich vergeblich zu Hause, am vierten klingelte das Telefon.

»Phyllis, ich muß dich sehen.«

»Wird auch langsam Zeit.«

»Du weißt doch, warum es bis jetzt nicht ging. Hör mal zu. Wir müssen uns treffen und ein paar Dinge besprechen, die mit diesem Prozeß zu tun haben – und danach haben wir wohl nichts mehr zu befürchten.«

»Ja, können wir uns denn überhaupt treffen? Du hast doch gesagt –«

»Das stimmt auch. Sie haben dich beobachten lassen. Aber heute habe ich etwas entdeckt. Das Team, das dich beschattet hat, ist verkleinert worden, und der eine, der noch übriggeblieben ist, geht um elf.«

»Wie bitte?«

»Ursprünglich haben dich rund um die Uhr drei Männer in drei Schichten beschattet, aber da sie nicht viel herausgekriegt haben, will man jetzt die Kosten reduzieren, und deswegen ist jetzt nur noch einer da. Er fängt nachmittags an und hört um elf Uhr abends auf, wenn nicht irgend etwas Besonderes los ist. Wir müssen uns also danach treffen.«

»Na gut. Dann komm zu mir.«

»O nein, das dürfen wir nicht riskieren. Aber wir können uns trotzdem treffen. Morgen nacht verläßt du heimlich das Haus. Du nimmst den Wagen und fährst heimlich weg. Falls dich abends irgend jemand überraschend besucht, schick ihn rechtzeitig vor elf Uhr weg. Schick ihn weg, und mach alle Lampen aus, damit es so aussieht, als seist du schlafen gegangen, bevor dieser Mann seinen Posten verläßt. Dann wird er keinerlei Verdacht schöpfen.«

Damit wollte ich erreichen, daß Sachetti, falls er am nächsten Abend bei ihr war, zeitig wegging und lange, bevor ich mich mit ihr treffen würde, zu Hause im Bett lag. Ich brauchte seinen Wagen und wollte nicht auf ihn warten müssen. Der Rest war alles Quatsch, das mit der einen Schicht, meine ich. Ich wollte ihr nur weismachen, daß sie sich sicher fühlen könne, wenn sie mich trifft. Ob sie nun in einer Schicht beschattet wurde oder in drei oder sechs, wußte ich nicht, und es war mir auch egal. Wenn jemand ihr folgte, war es für das, was ich vorhatte, um so besser. Wenn sie mich kriegen wollten, müßten sie sich beeilen, und wenn sie sahen, daß sie ermordet worden war, mußte Mr. Sachetti eben um so mehr Erklärungen abgeben, wenn sie ihn holten.

»Licht aus gegen elf.«

»Licht aus, die Katze rauslassen und das Haus abschließen.«

»Na gut, wo treffen wir uns?«

»Im Griffith Park, das ist von Los Feliz aus ein paar hundert Meter den Riverside Drive hinaus. Dort werde ich im Wagen auf dich warten, und dann fahren wir ein Stück und besprechen das alles. Park aber nicht so, daß du auf Los Feliz siehst, sondern bleib im Park zwischen den Bäumen, auf der kleinen Lichtung bei der Brücke. Stell den Wagen so, daß ich dich sehen kann, und komm dann zu mir rüber.«

»Zwischen den beiden Straßen?«

»Ja. Genau um halb eins. Ich bin ein oder zwei Minuten

früher da, dann kannst du gleich reinspringen und brauchst nicht zu warten.«

»Um halb eins, zweihundert Meter den Riverside Drive hinauf.«

»Genau. Schließ die Garagentür, damit niemand merkt, daß der Wagen weg ist.«

»Ich werde da sein, Walter.«

»Ach und noch was. Ich habe, nachdem wir uns das letzte Mal sahen, meinen Wagen in Zahlung gegeben und hab jetzt einen anderen.« Ich nannte ihr die Marke. »Es ist ein kleines dunkelblaues Coupé. Du kannst es nicht übersehen.«

»Ein blaues Coupé?«

»Ja.«

»Komisch.«

Ich wußte, warum sie das komisch fand. Sie war ja den ganzen letzten Monat in einem blauen Coupé herumgefahren, und zwar genau in diesem, nur wußte sie das nicht. Aber ich geriet nicht ins Wanken. »Ja, wahrscheinlich findest du es komisch, daß ich in so einer Blechkiste rumfahre, aber der große Wagen war mir einfach zu teuer. Es war eine günstige Gelegenheit, deshalb habe ich den genommen.«

»So was Komisches ist mir noch nie passiert.«

»Wieso denn?«

»Ach – nichts. Also, morgen nacht um halb eins.«

»Halb eins.«

»Ich habe schreckliche Sehnsucht nach dir.«

»Geht mir genauso.«

»Na ja – eigentlich wollte ich ja was mit dir besprechen, aber das hat Zeit bis morgen. Also bis bald!«

»Bis bald!«

Nachdem sie aufgelegt hatte, schaute ich mir in der Zeitung das Kinoprogramm an. In der Innenstadt gab es ein Kino mit einer Mitternachtsvorstellung, und das Programm lief noch die ganze Woche über. Genau darauf kam es mir an. Ich fuhr hin. Um elf war ich dort und setzte mich auf den Balkon, damit mich unten die Platzanweiserinnen nicht bemerkten.

Ich sah mir den Film genau an und merkte mir die Gags, weil es zu meinem Alibi für den nächsten Abend gehörte, daß ich hier gewesen war. In der letzten Szenenfolge sah ich einen Schauspieler, den ich kannte. Er spielte einen Kellner. Ich hatte ihm einmal eine hohe Lebensversicherung verkauft, eine Prämie von 7000 Dollar für eine Lebensversicherungspolice, die er sofort ganz eingezahlt hatte. Er hieß Jack Christolf. Das war eine Hilfe für mich. Als der Film zu Ende war, sah ich auf die Uhr. Es war 0 Uhr 48.

Am nächsten Tag rief ich um die Mittagszeit herum Jack Christolf an. Es hieß, er sei im Studio, und dort erwischte ich ihn dann auch. »Alle Welt ist so begeistert, wie Sie in diesem neuen Streifen ›Gun Play‹ spielen.«

»Ja, ich war nicht schlecht. Haben Sie sich's angeschaut?«

»Nein, aber ich möchte es unbedingt. Wo läuft er denn?«

Er nannte fünf Kinos. Er kannte sie alle. »Ich gehe rein, sobald ich kann. Sagen Sie mal, alter Knabe, wie war's denn, wenn Sie Ihre Lebensversicherung ein bißchen aufstocken würden? Ich meine, jetzt, wo Sie so prächtig absahnen?«

»Ich weiß nicht recht. Ich weiß nicht recht. Um ehrlich zu sein, unter Umständen wäre ich tatsächlich interessiert. Ja, wäre durchaus möglich.«

»Wann können wir uns mal treffen?«

»Na ja, diese Woche hab ich viel zu tun. Ich bin hier nicht vor Freitag fertig und wollte am Wochenende eigentlich wegfahren und mich erholen. Aber nächste Woche jederzeit.«

»Wie steht's abends?«

»Na ja, das ginge.«

»Wie wär's mit morgen abend?«

»Hören Sie, rufen Sie mich morgen abend an, so um die Essenszeit, gegen sieben. Dann kann ich es Ihnen sagen. Falls es klappt, würde ich mich sehr freuen.«

Deshalb hatte ich mir den Film angesehen, weil ich mich morgen abend mit diesem Schauspieler treffen mußte, und da wollte ich mir eben seinen Film anschauen, damit ich mit ihm drüber reden und ihm ein paar Nettigkeiten sagen konnte.

Gegen vier Uhr fuhr ich den Griffith Park hinauf und machte einen genauen Plan. Ich wählte eine Stelle für meinen Wagen und eine Stelle für Sachettis Wagen. Sie lagen nicht weit auseinander, aber die Stelle, wo mein Wagen stand, befand sich direkt am Ende des schmalen Saumpfads, der tagsüber als Reitweg dient. Er schlängelt sich über die ganzen Hügel, aber genau oberhalb dieser Stelle mündet er in die Autostraße, die dort entlangführt. Genauer gesagt, hoch oben in den Bergen. Man sagt zwar Park dazu, aber in Wirklichkeit ist es für Autofahrer eine Touristenstraße, die hoch über Hollywood und dem San Fernando Valley entlangführt, und ein hügeliger Pfad für Reiter. Fußgänger findet man dort nicht oft. Ich hatte vor, sie in den Wagen steigen zu lassen und dann den Berg hinaufzufahren. An einer der kleinen flachplanierten Stellen, an denen man parken und übers Tal schauen kann, würde ich anhalten, und zwar mit der Begründung, daß wir hier in aller Ruhe miteinander reden könnten. Aber ich wollte gar nicht parken. Der Wagen würde zufällig – absichtlich über den Rand des Abgrunds rollen, und ich würde herausspringen, auf dem Saumpfad zu meinem Wagen hinunterrennen und heimfahren. Die Stelle, wo Sachettis Wagen stehen sollte, und die Stelle, wo Phyllis in den Abgrund stürzen sollte, lagen etwa zwei Meilen auseinander, auf der Straße. Aber auf dem Saumpfad waren es nur hundert Meter, weil sich die Straße mit einer nur leichten Steigung über die ganzen Berge hinaufwand, der Saumpfad hingegen steil anstieg und abfiel. Und so würde ich in weniger als einer Minute nach dem Unfall, noch bevor sich dort eine Menschenmenge ansammeln würde, auf und davon sein.

Ich fuhr den Berg hinauf und suchte mir die Stelle aus. Es war keine große Aussichtsplattform, sondern eine der kleinen, auf denen nur ein oder zwei Wagen Platz haben. Die großen sind mit Steinwällen umgeben. Die kleinen nicht. Ich stieg aus und schaute hinunter. Es ging mindestens 70 Meter steil nach unten, und dann kamen ungefähr noch einmal 30 Meter, wo der Wagen nach dem Aufprall weiterrollen würde. Um zu üben, fuhr ich eng an den Abgrund heran, legte den Leerlauf ein und stieß die Tür auf. Ich merkte mir, daß ich meine Tür, nachdem Phyllis eingestiegen war, nicht ganz schließen durfte, damit ich sie schnell aufstoßen konnte. Es bestand das Risiko, daß sie rechtzeitig die Handbremse ziehen und sich retten würde. Es bestand das Risiko, daß ich nicht rechtzeitig heraussprang und mit ihr in den Abgrund stürzte. Das war okay. In einem solchen Fall muß man eben gewisse Risiken eingehen. Ich aß allein zu Abend in einem großen Fischrestaurant in der Stadt. Der Kellner kannte mich. Ich machte irgendeinen Witz, damit er sich später erinnerte, daß ich am Freitag da war. Danach fuhr ich ins Büro zurück und sagte Joe Pete, ich hätte zu arbeiten. Ich blieb bis zehn Uhr. Als ich ging, saß er unten an seinem Schreibtisch und las in einem Kriminalmagazin.

»Heute arbeiten Sie aber noch spät, Mr. Huff.«

»Tja, und ich bin immer noch nicht fertig.«

»Machen Sie daheim weiter?«

»Nein, ich muß noch in einen Film. Da spielt ein Schauspieler mit, der Jack Christolf heißt, mit dem bin ich morgen abend verabredet. Könnte sein, daß er sauer ist, wenn ich nicht hingehe. Morgen habe ich keine Zeit. Ich muß es heute abend machen.«

»Die bilden sich wirklich allerhand ein, diese Schauspieler.«

Ich parkte in der Nähe des Kinos, drückte mich eine Weile herum und ging gegen elf Uhr hinein. Diesmal kaufte ich eine Karte fürs Parkett. Ich steckte ein Programm in meine Tasche und vergewisserte mich, daß die Uhrzeit draufstand. Jetzt mußte ich nur noch mit einer Platzanweiserin sprechen, um ihr einzuprägen, welchen Tag wir hatten, und irgend etwas tun, damit sie sich an mich erinnerte. Ich suchte mir die an der Tür aus, nicht die drinnen im Seitengang. Ich wollte, daß sie mich gut sah.

»Läuft der Film schon?«

»Nein, Sir, er ist gerade aus. Die nächste Vorstellung beginnt um 23 Uhr 20.«

Das wußte ich natürlich. Deshalb war ich ja erst um 23 Uhr

gekommen und nicht schon früher. »Lieber Himmel, da muß ich ja noch ewig warten... Spielt Christolf die ganze Zeit mit?«

»Ich glaube nur im letzten Teil, Sir.«

»Heißt das, ich muß bis ein Uhr morgens warten, um diesen Schauspieler zu sehen?«

»Sie können auch morgen abend kommen, Sir, wenn Sie jetzt nicht so lange warten wollen. Ihr Geld gibt man Ihnen an der Kasse zurück.«

»Morgen abend? Mal sehen, morgen ist Samstag, nicht wahr?«

»Ja, Sir.«

»Nein, geht nicht. Es muß heute abend sein.«

Das war geschafft. Jetzt mußte ich noch irgend etwas machen, damit sie sich an mich erinnerte. Es war eine heiße Nacht, und der oberste Knopf ihrer Uniform stand offen. Ich knöpfte ihn schnell zu. Sie war völlig perplex.

»Sie sollten besser aufpassen!«

»Hören Sie mal, Langer, muß mir der Schweiß von der Nase tropfen, damit Sie zufrieden sind?«

Sie machte den Knopf wieder auf. Jetzt würde sie sich wohl an mich erinnern. Ich ging hinein.

Kaum hatte mir die Platzanweiserin einen Platz gezeigt, rutschte ich zur anderen Seite hinüber. Dort saß ich eine Minute und schlüpfte dann durch einen Seitenausgang hinaus. Später würde ich behaupten, ich sei bis zum Ende des Films geblieben. Als Grund für den späten Kinobesuch hatte ich ja meine Unterredung mit Christolf. Außerdem gab es das Gespräch mit Joe Pete, und sein Tagebuch würde zeigen, um welchen Tag es sich handelte. Und dann war da noch die Platzanweiserin. Ich konnte zwar nicht beweisen, daß ich bis zum Schluß geblieben war, aber ein Alibi sollte niemals zu perfekt sein. Meines hier war genausogut wie jedes andere Alibi, das die Geschworenen in der Regel vorgesetzt bekommen und sogar um einiges besser als die meisten. Soweit ich das beurteilen konnte, klang es jedenfalls nicht wie das Alibi eines Mannes, der einen Mord plant.

Ich stieg in den Wagen und fuhr direkt zum Griffith Park. So spät nachts konnte man aufs Gas drücken. Als ich ankam, schaute ich auf die Uhr. Es war 23 Uhr 24. Ich parkte, stellte den Motor ab, zog den Schlüssel ab und schaltete die Scheinwerfer aus. Dann ging ich hinüber nach Los Feliz und von dort hinunter zum Hollywood Boulevard. Das ist etwa eine halbe Meile. Ich schritt kräftig aus und erreichte den Boulevard um 23 Uhr 35. Dort bestieg ich eine Straßenbahn und setzte mich vorn hin. Als wir La Brea erreichten, war es fünf vor zwölf. Soweit stimmte mein Zeitplan.

Ich stieg aus und lief zu den Lilac-Court-Apartments hinunter, wo Sachetti wohnte. Es ist eine dieser von Bungalows gesäumten Straßen, Bruchbuden, die meistens nur aus einem Zimmer bestehen und drei Dollar die Woche kosten. Ich ging vorne in die Straße rein. Ich wollte nicht von hinten auf den Parkplatz kommen, weil mich sonst jeder für einen Schnüffler gehalten hätte. Ich kam also direkt von vorn und ging an seinem Bungalow vorbei. Die Nummer kannte ich. Es war Nummer elf. Drinnen brannte Licht. Das war okay. Genauso hatte ich es mir vorgestellt.

Ich ging bis ans Ende der Straße, wo der Parkplatz lag, auf dem die Anwohner ihre Autos abstellen. Jedenfalls die, die eins haben. Es war eine Kollektion von Wracks aus zweiter, dritter, vierter und neunter Hand, und natürlich stand seines genau in der Mitte. Ich stieg ein, ließ den Motor an, machte die Scheinwerfer an und wollte gerade zurückstoßen, als von hinten ein Wagen auf den Parkplatz kam. Ich drehte den Kopf so, daß man mich im Scheinwerferlicht nicht erkennen konnte und fuhr rückwärts hinaus in Richtung Hollywood Boulevard. Es war genau zwölf Uhr. Ich kontrollierte den Benzinstand. Er hatte genug getankt.

Obwohl ich mir Zeit ließ, war es trotzdem erst 0 Uhr 18, als ich wieder zum Griffith Park zurückkam. Ich fuhr über Glendale, weil ich nicht mehr als zwei bis drei Minuten zu früh da sein wollte. Ich dachte an Sachetti, und wie er sein Alibi nachweisen wollte. Er hatte keins, denn es gibt kein schlechteres Alibi, als zu Hause im Bett zu sein, es sei denn, man kann es irgendwie beweisen, zum Beispiel mit Telefonanrufen. Er hatte allerdings keine Möglichkeit. Er hatte ja nicht mal ein Telefon.

Gleich hinter den Eisenbahnschienen wendete ich und fuhr zurück, ein Stück den Riverside Drive hinauf. Dort parkte ich so, daß ich auf Los Feliz hinuntersah, und stellte den Motor und die Scheinwerfer ab. Es war genau 0 Uhr 27. Wenn ich mich umdrehte, konnte ich meinen eigenen Wagen ungefähr hundert Meter hinter mir sehen. Ich schaute zu der kleinen Lichtung hinüber. Dort stand kein Wagen. Sie war nicht gekommen.

Ich hielt meine Uhr in der Hand. Der Zeiger kroch auf 0 Uhr 30. Sie war immer noch nicht da. Ich steckte die Uhr wieder in die Tasche. Ein Zweig knackte – drüben im Gebüsch. Ich zuckte zusammen. Dann kurbelte ich das rechte

Fenster herunter und spähte ins Gebüsch, um zu sehen, was es war. Ich muß mindestens eine Minute lang hinausgestarrt haben. Wieder knackte ein Zweig, diesmal näher. Dann gab es einen Blitz, und mich traf etwas in die Brust, als hätte Jack Dempsey ausgeholt und mir mit voller Wucht eine reingehauen. Es fiel ein Schuß. Jetzt wußte ich, was passiert war. Ich war nicht der einzige, der meinte, die Welt sei nicht groß genug für zwei Leute, wenn sie so etwas voneinander wußten. Ich war hergefahren, um sie umzubringen, aber sie war mir zuvorgekommen.

Ich fiel auf den Sitz und hörte, wie jemand weglief. Da saß ich nun mit einer Kugel in der Brust in einem gestohlenen Wagen, und der Besitzer dieses Wagens war genau der Mann, den Keyes seit eineinhalb Monaten beschattet hatte. Ich zog mich am Steuer hoch. Als ich den Zündschlüssel abziehen wollte, fiel mir ein, daß ich ihn im Wagen lassen mußte. Ich öffnete die Tür und spürte, wie mir von der Anstrengung der Schweiß auf die Stirn trat. Irgendwie kam ich raus und stolperte los in Richtung Straße, zu meinem Wagen. Ich konnte nicht mehr gerade gehen und hätte mich am liebsten hingesetzt, damit der gräßliche Druck auf meiner Brust nachließ, aber ich wußte, wenn ich das tat, würde ich es nie schaffen. Ich erinnerte mich, daß ich den Wagenschlüssel brauchte, und holte ihn aus der Tasche. Dann stieg ich in den Wagen, steckte den Schlüssel ins Zündschloß und ließ den Motor an. Das war das letzte, an das ich mich in *dieser* Nacht erinnerte.

12

Ich weiß nicht, ob Sie jemals eine Äthernarkose bekommen haben. Man taucht nur nach und nach daraus auf. Zuerst wird ein Teil des Bewußtseins hell; ein mattes graues Licht, das sich ausbreitet, langsam. Es wächst die ganze Zeit, während man versucht, das Zeug aus den Lungen zu würgen. Das klingt wie ein furchtbares Stöhnen, als hätte man Schmerzen, aber man hat keine. Diese Geräusche entstehen bei dem Versuch, das Zeug aus den Lungen herauszupressen. Aber irgendwo da innen drin funktioniert der Kopf die ganze Zeit. Man weiß, was los ist, und wenn in diesem grauen Licht auch alle möglichen verrückten Gedanken schwimmen, ist man zum größten Teil doch klar und kann denken, vielleicht nicht ganz so gut, aber doch ein bißchen.

Mir schien, als hätte ich irgend etwas gedacht, noch bevor ich allmählich zu mir kam. Ich wußte, daß Leute im Zimmer waren, aber ich wußte nicht wer. Ich hörte sie sprechen, verstand aber nicht ganz, was sie sagten. Dann hörte ich es. Eine Frau sagte, ich solle den Mund öffnen wegen eines Eisstückchens, das mir guttun würde. Ich öffnete den Mund und bekam das Eis. Wahrscheinlich war die Frau eine Krankenschwester. Immer noch wußte ich nicht, wer sonst noch im Zimmer war. Nach langem Nachdenken entschloß ich mich, die Augen einen kleinen Spalt zu öffnen und sie dann schnell wieder zuzumachen. Ich tat es. Erst konnte ich überhaupt nichts sehen. Ich lag in einem Krankenzimmer, und neben dem Bett stand ein Tisch, auf dem eine Menge Zeug lag. Es war heller Tag. Über meinem Brustkorb türmte sich die Bettdecke, also war ich wohl dick bandagiert. Jetzt öffnete ich die Augen ein bißchen mehr und schaute mich verstohlen um. Die Schwester saß neben dem Tisch und sah mich an. Aber hinter ihr stand noch jemand. Um ihn zu sehen, mußte ich warten, bis sie sich etwas bewegte, aber ich wußte es sowieso schon.

Es war Keyes.

Danach muß ich eine Stunde lang dagelegen haben, ohne ein einziges Mal die Augen zu öffnen. Zu diesem Zeitpunkt war ich wieder voll da. Ich versuchte nachzudenken, konnte aber nicht. Jedesmal, wenn ich etwas von dem Äther auswürgen wollte, spürte ich dieses schmerzhafte Stechen in der Brust. Das kam von der Kugel.

Schließlich gab ich den Versuch auf, den Äther herauszuwürgen, und die Schwester begann mit mir zu reden. Sie wußte Bescheid. Ich würde ihr bald anworten müssen. Keyes kam ans Bett.

»Tja, dieses Kinoprogramm hat Sie gerettet.«

»Ja?«

»Dieses gefaltete Papier war zwar nicht viel, aber es genügte. Da, wo die Kugel die Lunge gestreift hat, wird es eine Weile bluten, aber Sie können von Glück sagen, daß es nicht das Herz war. Noch drei Millimeter, dann wäre es aus gewesen.«

»Haben sie die Kugel gekriegt?«

»Ja.«

»Haben sie die Frau gekriegt?«

»Ja.«

Ich sagte nichts dazu. Ich dachte, mit mir sei es sowieso vorbei, und lag einfach da. »Sie haben sie gekriegt, und ich muß Ihnen eine Menge erzählen, mein Junge. Das ist wirklich eine tolle Sache. Aber lassen Sie mir noch eine halbe Stunde Zeit. Ich muß irgendwo frühstücken. Vielleicht geht's Ihnen nachher auch besser.«

Er ging. Eigentlich verhielt es sich nicht so, als stecke ich in der Klemme oder als sei er sauer auf mich. Ich konnte mir keinen Reim drauf machen. Ein paar Minuten später kam ein Krankenpfleger. »Gibt es in dieser Klinik irgendeine Zeitung?«

»Ja, Sir, ich glaube schon.«

Er kam mit einer Zeitung zurück und schlug den Artikel für mich auf. Er wußte ja, was ich lesen wollte. Es stand nicht auf Seite eins, sondern im zweiten Teil, bei den Lokalnachrichten, die für die Titelseite nicht genug hermachen. Hier stand:

MYSTERIÖSER SCHUSS IM GRIFFITH PARK

Zwei Festnahmen, nachdem Walter Huff, Versicherungsvertreter, um Mitternacht auf dem Riverside Drive verwundet am Steuer eines Wagens aufgefunden wurde.

Die Polizei untersucht die Begleitumstände des Mordanschlags auf Walter Huff, der gestern nach Mitternacht mit einer Kugel in der Brust im Griffith Park bewußtlos am Steuer seines Wagens aufgefunden wurde. Huff ist Versicherungsvertreter und lebt in Los Feliz Hills. Zwei Personen wurden festgenommen, bis Klarheit über Huffs heutigen Zustand besteht. Es handelt sich um: Lola Nirdlinger, 19, und Beniamino Sachetti, 26.

Miss Nirdlinger nannte als Adresse die Lycee Arms Apartments, Yucca Street, und Mr. Sachetti die Lilac Court Apartments, La Brea Avenue.

Huff wurde offensichtlich angeschossen, als er, aus Richtung Burbank kommend, den Riverside Drive entlangfuhr. Die Polizei, die kurz danach eintraf, fand Miss Nirdlinger und Mr. Sachetti vor, die gerade versuchten, ihn aus dem Wagen zu ziehen. Nicht weit davon entfernt lag eine Pistole, bei der ein Schuß im Magazin fehlte. Beide bestritten, etwas mit dem Anschlag zu tun zu haben, verweigerten aber auch alle weiteren Aussagen.

Man brachte mir Orangensaft, und ich lag da und versuchte mir einen Reim darauf zu machen. Sie meinen, ich sei drauf reingefallen, nicht wahr? Sie meinen, ich hätte zum Beispiel gedacht, Lola habe auf mich geschossen oder vielleicht Sachetti, aus Eifersucht? Nein. Ich wußte, wer auf mich geschossen hatte. Ich wußte, mit wem ich verabredet gewesen war, wer gewußt hatte, daß ich dort sein würde und wer mich aus dem Weg haben wollte. Davon konnte mich nichts abbringen. Aber was hatten diese beiden dort zu suchen? Ich zerbrach mir eine Weile den Kopf, aber es ergab einfach keinen Sinn, außer einer Sache. Natürlich war Lola Sachetti auch in dieser Nacht wieder gefolgt oder glaubte es zumindest. Das erklärte, warum sie dort war. Aber er? Nichts ergab einen Sinn. Und die ganze Zeit über hatte ich dieses dumpfe Gefühl, das ich erledigt war, und zwar nicht nur wegen meiner Tat, sondern auch weil Lola alles erfahren würde. Das war das Schlimmste.

Es war schon fast Mittag, als Keyes zurückkam. Er sah die Zeitung und zog sich einen Stuhl ans Bett: »Ich war im Büro.«

»Und?«

»Ein stürmischer Vormittag. Ein stürmischer Vormittag nach einer stürmischen Nacht.«

»Was ist los?«

»Ich sage Ihnen jetzt mal was, was Sie noch nicht wissen. Dieser Sachetti, Huff, genau der Sachetti, der Ihnen gestern nacht eine Kugel verpaßt hat, ist der Mann, den wir wegen seiner möglichen Mitwisserschaft bei dieser anderen Sache beschattet haben. Im Fall Nirdlinger.«

»Das ist nicht Ihr Ernst!«

»O doch. Ich wollte es Ihnen damals sagen, vielleicht erinnern Sie sich, aber Norton hatte es sich plötzlich in den Kopf gesetzt, das alles vor den Agenten geheimzuhalten, also ließ ich es bleiben. Derselbe Mann, Huff. Ich hab's doch gleich gesagt! Ich hab's doch gleich zu Norton gesagt! Ich hab doch gewußt, daß an der Sache irgendwas nicht stimmt!«

»Und was noch?«

»Ihre Finanzierungsgesellschaft hat angerufen.«

»Und?«

»Die sind mit dem rausgerückt, was wir gleich von Anfang an gewußt hätten, ich und Norton, wenn wir Sie ins Vertrauen gezogen hätten. Wären Sie über Sachetti informiert gewesen, dann hätten Sie uns längst sagen können, was wir jetzt erst seit heute wissen. Und das ist nämlich der Schlüssel zu dem ganzen Fall.«

»Er hat einen Kredit aufgenommen.«

»Eben. Er hat einen Kredit aufgenommen. Aber das ist noch nicht alles. Das ist nicht der Punkt, um den es geht. *Er war an dem Tag, an dem Sie Nirdlinger diese Police brachten, in Ihrem Büro.*«

»Da bin ich mir nicht sicher.«

»Aber wir. Wir haben alles überprüft, Nettie, die Unterlagen der Finanzierungsfirma, die Unterlagen der Abteilung, die für die Policen zuständig ist. Er war dort, und das Mädchen auch, und darauf haben wir die ganze Zeit gewartet. Das ist die Verbindung, die uns bisher gefehlt hat.«

»Was meinen Sie damit – die Verbindung?«

»Hören Sie mal, wir wissen doch, daß Nirdlinger seiner Familie nie etwas von dieser Police erzählt hat. Und zwar wissen wir das von der Sekretärin. Er hat es keinem Menschen gesagt. Und trotzdem *wußte* die Familie davon, nicht wahr?«

»Na ja – ich bin nicht sicher.«

»Wir schon. Die haben ihn doch nicht umsonst beseitigt. Sie wußten davon und jetzt wissen wir auch woher. Damit wäre die Sache klar.«

»Jedes Gericht würde davon ausgehen, daß sie etwas gewußt haben.«

»Ich bin kein Gericht. Ich sage das aus eigener Überzeugung, aus der Gewißheit heraus, daß ich recht habe. Schauen Sie doch mal, Huff, ich könnte aus einem instinktiven Gefühl heraus auf einem Ermittlungsverfahren bestehen. Aber ich gehe doch nicht in einen Gerichtssaal und mische mich da ein, ohne etwas zu wissen. Aber jetzt weiß ich es. Und was noch wichtiger ist: das schafft eine Verbindung zu dem Mädchen.«

»Zu – wem?«

»Zu dem Mädchen. Der Tochter. Sie war nämlich ebenfalls dort. In Ihrem Büro, meine ich. Klar, Sie finden das vielleicht komisch, daß ein Mädchen seinem eigenen Vater so was antun könnte. Aber so was passiert eben. Es ist schon oft passiert. Und für 50 000 Dollar wird es noch viele Male passieren.«

»Das – glaube ich nicht.«

»Sie werden es glauben, bevor ich fertig bin. Jetzt hören Sie mir mal zu, Huff. Eines bereitet mir noch Kopfzerbrechen. Ein Verbindungsglied. Die wollten Sie umlegen, weil Sie irgend etwas vor Gericht aussagen könnten, soviel ist klar. Aber was?«

»Wie meinen Sie das?«

»Was wissen Sie darüber, daß die Sie umlegen wollten? Die Tatsache, daß sie in Ihrem Büro waren, reicht nicht aus. Da muß es noch irgend etwas anderes geben. Also was ist es?«

»Ich weiß nicht. Mir fällt nichts ein.«

»Irgendwas gibt es. Vielleicht etwas, das Sie schon vergessen haben, etwas, das für Sie keine Bedeutung hat, denen aber wichtig ist. Was ist es also?«

»Nichts. Es *kann* nichts geben.«

»Doch. Es *muß* etwas geben.«

Er ging jetzt im Zimmer auf und ab. Ich spürte, wie das Bett bebte. »Denken Sie drüber nach, Huff. Wir haben noch ein paar Tage Zeit. Versuchen Sie sich daran zu erinnern.«

Er steckte sich eine Zigarette an und stampfte weiter durchs Zimmer. »Das ist das Allerschönste an der Sache, daß wir noch ein paar Tage Zeit haben. Sie sind frühestens nächste Woche verhandlungsfähig, und genau das brauchen wir. Ein bißchen Unterstützung durch die Polizei, ein paar Behandlungen mit dem Gummischlauch, solche Dinge, und früher oder später wird das Pärchen schon auspacken. Vor allem das Mädchen. Die haben wir bald weichgekocht. Genau auf so etwas haben wir gewartet, das können Sie mir glauben. Für Sie ist es natürlich schlimm, aber jetzt haben wir sie da, wo wir sie wirklich in die Mangel nehmen können. Ha, wir haben wirklich Glück! Jetzt klären wir den Fall. Wenn alles gut geht, bis heute abend.«

Ich schloß die Augen. Ich konnte nur noch an Lola denken, von einer Menge Bullen umringt, die sie vielleicht sogar prügelten und etwas aus ihr rauskriegen wollten, von dem sie ebensowenig Ahnung hatte wie der Mann im Mond. Ich sah ihr zuckendes Gesicht, und plötzlich schlug ihr jemand auf den Mund, und er blutete.

»Keyes.«

»Ja?«

»Stimmt, da war was. Jetzt, wo Sie davon sprechen.«

»Ich höre, alter Knabe.«

»Ich habe Nirdlinger getötet.«

13

Er saß da und starrte mich an. Ich hatte ihm alles gesagt, was er wissen mußte, sogar das mit Lola. Komisch, daß es nur ungefähr zehn Minuten gedauert hatte. Dann stand er auf. Ich hielt ihn fest.

»Keyes.«

»Ich muß jetzt gehen, Huff.«

»Sorgen Sie dafür, daß man sie nicht schlägt.«

»Ich muß jetzt gehen. Aber ich komme später wieder.«

»Keyes, wenn Sie zulassen, daß man sie schlägt, dann – dann bringe ich Sie um! Sie wissen jetzt alles. Ich hab's Ihnen erzählt, und zwar nur aus einem einzigen Grund. Nur, damit die sie nicht schlagen. Das müssen sie mir versprechen! Das sind Sie mir schuldig! Keyes –«

Er streifte meine Hand ab und ging.

Nach diesem Geständnis hatte ich auf irgendeine Art von Frieden gehofft. Ich hatte es so lange mit mir herumgetragen. Ich hatte davon geträumt, hatte immer daran gedacht, beim Einschlafen und bei jedem Atemzug.

Aber ich fand keinen Frieden. Das einzige, woran ich denken konnte, war Lola, und daß sie jetzt doch noch erfahren würde, was für ein Mensch ich in Wirklichkeit war.

Gegen drei Uhr kam der Krankenpfleger mit den Nachmittagszeitungen herein. Kein Wort von dem, was ich Keyes erzählt hatte. Aber seit dem Morgen hatten sie in ihren Archiven gegraben und jetzt befaßten sich die Artikel mit dem Tod der ersten Mrs. Nirdlinger und mit Nirdlingers Tod und mit der Tatsache, daß jetzt auch noch auf mich geschossen worden war. Die Redakteurin einer Frauenseite war ins Haus gelassen worden und hatte mit Phyllis gesprochen. Sie war es, die es das Haus der Todes nannte und die blutroten Vorhänge erwähnte. Als ich das las, war mir klar, daß es nicht mehr lange dauern konnte. Denn jetzt hatte sogar schon so eine dumme Ziege von Reporterin gemerkt, daß da draußen irgendwas nicht stimmte.

Um halb neun abends kam Keyes zurück. Er scheuchte sofort die Schwester aus dem Zimmer und ging selber noch einmal kurz hinaus. Als er zurückkam, hatte er Norton bei sich und einen Mann namens Keswick, einen Firmenanwalt, der in schwerwiegenden Fällen zu Rate gezogen wurde, und schließlich Shapiro, den Chef der Rechtsabteilung. Alle standen um mich herum. Norton brach das Schweigen als erster. »Huff.«

»Ja, Sir?«

»Haben Sie das irgend jemandem erzählt?«

»Niemandem außer Keyes.«

»Niemandem sonst?«

»Keiner Menschenseele ... mein Gott, nein.«

»War die Polizei noch nicht da?«

»Doch, sie waren da, ich habe sie draußen im Flur gesehen. Wahrscheinlich haben sie über mich geflüstert. Aber die Schwester hat sie nicht hereingelassen.«

Sie sahen sich an. »Dann können wir wohl anfangen. Keyes, vielleicht erklären Sie es ihm lieber.«

Keyes machte den Mund auf, aber Keswick brachte ihn zum

Schweigen und zog Norton in eine Ecke des Zimmers. Dann riefen sie Keyes hinüber. Dann Shapiro. Ich schnappte hie und da ein Wort auf. Es ging um irgendeinen Vorschlag, den sie mir machen wollten, und darum, ob sie alle als Zeugen anwesend sein sollten. Keswick war für den Vorschlag, wollte aber nicht, daß später irgend jemand sagen konnte, er sei dabeigewesen. Schließlich kamen sie überein, daß Keyes die Verantwortung allein tragen würde und die anderen nicht dabei sein sollten. Dann gingen alle auf Zehenspitzen hinaus. Sie verabschiedeten sich nicht einmal. Es war irgendwie seltsam. Sie benahmen sich keineswegs so, als hätte ich ihnen oder der Firma irgendeinen besonders üblen Streich gespielt, sondern so, als sei ich ein Tier mit einem so furchtbar entstellten Gesicht, das sie es gar nicht anschauen konnten.

Nachdem sie das Zimmer verlassen hatten, setzte sich Keyes. »Sie haben da etwas Furchtbares getan, Huff.«

»Ich weiß.«

»Wahrscheinlich ist es nicht nötig, über dieses Thema noch ein Wort zu verlieren.«

»Nein, das ist nicht nötig.«

»Es tut mir leid. Ich – habe Sie irgendwie gemocht, Huff.«

»Ich weiß. Mir ging's mit Ihnen genauso.«

»Es kommt nicht oft vor, daß ich jemanden mag. Das kann man sich in meiner Branche nicht leisten. Die ganze Menschheit kommt einem – irgendwie verlogen vor.«

»Ich weiß. Sie haben mir vertraut, und ich habe Sie enttäuscht.«

»Tja – reden wir nicht mehr darüber.«

»Es gibt auch nichts mehr zu sagen. Haben Sie sie gesehen?«

»Ja, alle. Ihn, sie und die Ehefrau.«

»Was hat sie gemeint?«

»Nichts... Ich hab's ihr ja nicht gesagt. Ich habe das Reden ihr überlassen. Sie glaubt, Sachetti habe auf Sie geschossen.«

»Warum?«

»Eifersucht.«

»Oh.«

»Das mit Ihnen hat sie ziemlich aufgeregt. Aber als sie hörte, daß es keine schwere Verletzung ist, da war sie – na ja, sie war –«

»Froh darüber.«

»Irgendwie, ja. Sie wollte es nicht zeigen. Aber sie hatte das Gefühl, daß es ein Beweis für Sachettis Liebe sei. Sie konnte nicht anders.«

»Ich verstehe.«

»Aber sie hat sich Sorgen um Sie gemacht. Sie mag Sie.«

»Ja, ich weiß. Sie... mag mich.«

»Sie ist Ihnen nachgefahren. Weil sie Sie für ihn gehalten hat. Das war alles.«

»Habe ich mir gedacht.«

»Mit *ihm* habe ich auch gesprochen.«

»Ach ja, das hatten Sie mir gesagt. Was hatte er denn dort zu suchen?«

Keyes fing wieder an, mit schweren Schritten im Zimmer umherzugehen. Das Nachtlicht über meinem Kopf war die einzige Lichtquelle im Raum. Ich konnte Keyes nur schwach erkennen, aber ich spürte, wie das Bett unter seinen Tritten bebte.

»Huff, da gibt es eine Geschichte.«

»Ja? Wie meinen Sie das?«

»Sie haben sich mit einer Klapperschlange eingelassen, das ist alles. Diese Frau – mir erstarrt das Blut in den Adern, wenn ich nur an sie denke. Sie ist ein pathologischer Fall, das ist alles. Ich habe noch nie von etwas Schlimmerem gehört.«

»Ein was?«

»Es gibt einen Namen dafür. Sie sollten mehr von diesen modernen Psychologiebüchern lesen, Huff. So wie ich. Norton würde ich das nie verraten. Der käme glatt auf den Gedanken, daß ich allmählich zu intellektuell werde. Aber ich finde es hilfreich. In meinem Fach gibt es eine Menge Dinge, für die man nur in solchen Büchern Erklärungen findet. Es ist deprimierend, aber es erklärt manches.«

»Ich verstehe immer noch nicht ganz.«

»Gleich... Sachetti war nicht in sie verliebt.«

»Nein?«

»Er hat sie gekannt. Schon seit fünf oder sechs Jahren. Sein Vater war Arzt und hatte ein Sanatorium in den Verdugo Hills, ungefähr einen halben Kilometer von der Klinik entfernt, wo sie als Oberschwester gearbeitet hat.«

»Ach ja, ich erinnere mich.«

»Dort hat Sachetti sie kennengelernt. Dann hatte der alte Mann böses Pech. In seiner Klinik starben drei Kinder.«

Wieder kroch mir das altbekannte gruselige Gefühl den Rücken hinauf. Er fuhr fort: »Sie starben an –«

»– Lungenentzündung.«

»Haben Sie von dem Fall gehört?«

»Nein. Reden Sie weiter.«

»Ach ja, Sie haben wohl von der Sache in Arrowhead gehört.«

»Ja.«

»Die Kinder sind also gestorben, und es war eine furchtbare Zeit, und der alte Mann war der Sündenbock. Nicht bei der Polizei, man konnte ihm nichts anhängen. Aber beim Gesundheitsministerium und bei seinen Patienten. Es war sein Ruin. Er mußte die Klinik verkaufen und ist kurz darauf gestorben.«

»An Lungenentzündung?«

»Nein. Er war schon ziemlich alt. Aber Sachetti hatte ein komisches Gefühl bei der ganzen Sache und wurde den Gedanken an diese Frau einfach nicht los. Sie war zu oft dort gewesen und hat sich anscheinend zu intensiv mit den Kindern beschäftigt. Er hatte keine Beweise, nur einen vagen Verdacht. Können Sie mir folgen?«

»Weiter.«

»Er hat aber nie etwas unternommen, bis die erste Mrs. Nirdlinger starb. Zufällig war *eines* der Kinder mit jener Mrs. Nirdlinger verwandt, und zwar so, daß Mrs. Nirdlinger im Falle seines Todes zur Verwalterin eines ziemlich großen Vermögens wurde, das das Kind geerbt hätte. Genaugenommen war es so, daß Mrs. Nirdlinger, sobald der juristische Teil geklärt war, selbst in den Besitz dieses Vermögens kam. Das müssen Sie mal bedenken, Huff. Das ist das Allerfurchtbarste daran. Nur *eines* dieser Kinder hatte etwas mit dem Vermögen zu tun.«

»Und was ist mit den beiden anderen?«

»Nichts. Diese beiden Kinder mußten nur sterben, um die Spur ein bißchen zu verwischen. Stellen Sie sich vor, Huff! Diese Frau hat zwei weitere Kinder getötet, nur um das eine Kind zu erwischen, um das es ihr ging! Und sie hat es so hingedreht, daß man an einen dieser Fälle von Fahrlässigkeit dachte, die manchmal in solchen Kliniken passieren. Ich sage ja, sie ist ein pathologischer Fall.«

»Weiter.«

»Als die erste Mrs. Nirdlinger starb, engagierte Sachetti einen Detektiv, um herauszufinden, was da los war. Zum einen wollte er seinen Vater rehabilitieren, zum anderen war er von dieser Frau besessen. Ich meine nicht, daß er in sie verknallt war. Er mußte einfach die Wahrheit über sie herauskriegen.«

»Ja, ich verstehe.«

»So gut es ging, führte er seine Arbeit an der Universität weiter, und dann dachte er sich etwas aus, um in das Haus zu kommen und mit ihr zu reden. Da er sie bereits kannte, nahm er an, daß sie sich nichts dabei denken würde. Er wollte ihr vorschlagen, einer Vereinigung von Ärzten und Schwestern beizutreten, die gerade gegründet wurde. Aber dann passierte etwas. Als er diesem Mädchen begegnete, war das Liebe auf den ersten Blick, und damit ging sein schöner Plan, die Wahrheit über diese Frau herauszufinden, in die Brüche. Da er das Mädchen nicht ins Unglück stürzen wollte und wirklich keinerlei Beweise hatte, blies er die Sache ab. Aber weil er die Frau weiterhin verdächtigte, wollte er auch nicht mehr ins Haus kommen und traf von da an das Mädchen woanders. Es passierte noch eine Kleinigkeit, aus der er schloß, daß er vielleicht doch recht gehabt hatte. Kaum hatte die Frau nämlich erfahren, was los war, erzählte sie Lola dumme Geschichten über ihn und erreichte, daß ihr der Vater den Umgang mit ihm verbot. Der einzig nachvollziehbare Grund war der, daß diese Frau, nach dem, was vorgefallen war, im Umkreis von einer Meile niemanden namens Sachetti um sich haben wollte. Können Sie mir folgen?«

»Ja, ich kann Ihnen folgen.«

»Dann erwischte es Nirdlinger. Und plötzlich wußte Sachetti, daß er sich an diese Frau ranmachen mußte, wenn es ihm wirklich ernst war. Er brach den Kontakt zu Lola ab und sagte ihr nicht einmal warum. Er ging zu dieser Frau und schlief mit ihr, so gut er es konnte, das heißt, fast so gut er es konnte. Er nahm an, daß sie nicht das geringste gegen seine Besuche einzuwenden hatte, wenn sie ihr galten. Sie war ja Lolas Vormund, aber wenn Lola heiratete, würde der Ehemann ihr Vormund sein, und das brachte die Eigentumsverhältnisse durcheinander. Sie sehen also –«

»Lola wäre die nächste gewesen.«

»Genau. Nachdem diese Frau Sie als Mitwisser aus dem Weg geräumt hatte, war Lola die nächste. Das mit Ihnen wußte Sachetti natürlich nicht, aber er wußte genau, was mit Lola passieren würde, oder war sich da jedenfalls ziemlich sicher.«

»Weiter.«

»Und damit kommen wir zu gestern nacht. Lola fuhr ihm nach. Das heißt, sie fuhr seinem Wagen nach, in dem Sie saßen. Sie bog gerade auf den Parkplatz, als sie herausfuhren.«

»Ich habe den Wagen gesehen.«

»Sachetti ging früh nach Hause. Die Frau hatte ihn rausgeworfen. Er hatte eigentlich vor, ins Bett zu gehen, aber er wurde das Gefühl nicht los, daß an diesem Abend irgend etwas lief. Erstens war es merkwürdig, daß sie ihn rausgeworfen hatte. Zweitens hatte sie ihn an diesem Tag einiges zum

Griffith Park gefragt, zum Beispiel, wann dort abends die Straßen gesperrt würden und welche Straßen das seien – was nur heißen konnte, daß sie spätabends irgend etwas im Park vorhatte, wann genau wußte er nicht. Deshalb ging er nicht schlafen, sondern beschloß, zu ihrem Haus zu fahren und sie im Auge zu behalten. Er ging zu seinem Wagen hinaus. Als er sah, daß er nicht da war, wurde er fast ohnmächtig, weil Lola nämlich einen Schlüssel hatte. Sie dürfen nicht vergessen, er wußte ja, daß Lola die nächste war.«

»Weiter.«

»Er nahm ein Taxi und fuhr zum Griffith Park. Dort lief er blindlings herum – er hatte ja keine Ahnung, was los war oder wo er suchen sollte. Er fing an der falschen Ecke an, am anderen Ende der kleinen Lichtung. Dann hörte er den Schuß. Er rannte hinüber und kam gleichzeitig mit Lola bei Ihnen an. Er dachte, Lola sei erschossen worden. Sie dachte, er sei erschossen worden. Als Lola sah, daß Sie es waren, dachte sie, Sachetti hätte Sie erschossen, und zog eine Show ab, als die Polizei kam.«

»Jetzt ist mir alles klar.«

»Diese Frau, diese Ehefrau ist absolut wahnsinnig. Sachetti sagte mir, er habe fünf Fälle entdeckt – alle noch vor den drei kleinen Kindern –, bei denen Patienten starben, als sie Krankenschwester war, und darunter seien zwei, von denen sie etwas geerbt hat.«

»Alle an Lungenentzündung?«

»Drei davon. Die älteren waren Operationsfälle.«

»Wie hat sie's denn gemacht?«

»Das hat Sachetti nie herausbekommen. Er glaubt, sie könnte es mit dem Serum getan haben, kombiniert mit irgendeinem anderen Mittel. Er würde es gern aus ihr herauskriegen, weil er meint, das wäre wichtig.«

»Und?«

»Sie sind erledigt, Huff.«

»Das weiß ich.«

»Wir haben das heute nachmittag besprochen. In der Firma. Ich hatte das Heft in der Hand. Es gab nur eine Möglichkeit. Das habe ich schon lange gesagt, sogar schon als Norton immer noch von Selbstmord redete.«

»Ja, stimmt.«

»Ich habe sie davon überzeugt, daß der Fall nie vor Gericht kommen sollte.«

»Aber so was können Sie doch nicht vertuschen.«

»Wir können es nicht vertuschen, das ist uns klar. Aber es ist ein Unterschied, ob nur bekannt wird, daß ein Agent unserer Firma einen Mord begangen hat, oder ob das während eines zweiwöchigen Mordprozesses in sämtlichen Zeitungen herumgeschmiert wird.«

»Ich verstehe.«

»Sie werden mir eine Erklärung geben. Eine Erklärung, in der Sie Ihre Tat bis ins letzte Detail schildern, und das werden Sie von einem Notar beglaubigen lassen. Dann schicken Sie es mir per Einschreiben zu. Und zwar nächsten Donnerstag, dann habe ich es am Freitag.«

»Nächsten Donnerstag.«

»Genau. Bis dahin halten wir alles zurück, was diesen Schuß auf Sie betrifft, weil Sie ja nicht in der Lage sind, bei einem Verhör als Zeuge aufzutreten. Und jetzt hören Sie mir gut zu. Unter einem Namen, den ich Ihnen noch mitteilen werde, wird für Sie auf einem Dampfer, der in San Pedro am

Donnerstag abend ausläuft und Richtung Süden nach Balbao fährt, ein Platz reserviert. Diesen Dampfer nehmen Sie. Am Freitag bekomme ich die Erklärung und übergebe sie sofort der Polizei. Ich habe erst an diesem Tag davon erfahren. Deshalb sind Norton und seine Freunde gerade rausgegangen. Es gibt keine Zeugen. Das ist ein Abkommen zwischen Ihnen und mir, und wenn Sie jemals versuchen sollten, mich zu belasten, werde ich leugnen und beweisen, daß es ein solches Abkommen niemals gegeben hat. Dafür habe ich gesorgt.«

»Ich werde es nicht versuchen.«

»Sobald wir die Polizei benachrichtigt haben, werden wir eine Belohnung auf Ihre Festnahme aussetzen. Und hören Sie, Huff, sollten Sie je gefaßt werden, dann zahlen wir diese Belohnung aus, und Sie kommen vor Gericht, und wir werden nach Kräften dazu beitragen, Sie an den Galgen zu bringen. Wir wollen nicht, daß es zum Prozeß kommt, aber wenn es dazu kommt, ziehen wir es bis zum Schluß durch. Haben Sie mich verstanden?«

»Ja, ich habe Sie verstanden.«

»Bevor Sie aufs Schiff gehen, geben Sie mir den Einschreibebrief. Ich muß sicher sein, daß ich Ihre Erklärung bekomme.«

»Und was ist mit ihr?«

»Wem?«

»Phyllis.«

»Ich habe mich um sie gekümmert.«

»Jetzt bleibt noch eins, Keyes.«

»Was?«

»Ich weiß immer noch nicht, was aus diesem Mädchen

wird, aus Lola. Sie sagen, Sie wollen alles zurückhalten. Das heißt doch wahrscheinlich, daß das Mädchen und Sachetti festgehalten werden bis zur Verhandlung – die ja nicht stattfinden wird. Hören Sie, ich muß sicher sein, daß ihr nichts passiert! Ich brauche Ihr feierliches Ehrenwort, sonst bekommen Sie keine Erklärung, und der Fall kommt vor Gericht und alles andere auch. Ich werde alles auffliegen lassen. Haben Sie mich verstanden, Keyes? Was ist mit ihr?«

»Wir halten Sachetti fest. Er ist damit einverstanden.«

»Haben Sie nicht gehört! Was ist mit ihr?«

»Sie ist frei.«

»Was?«

»Wir haben für sie gebürgt. Es handelt sich um ein kautionsfähiges Delikt. Sie sind ja nicht gestorben.«

»Weiß sie das mit mir?«

»Nein. Ich habe Ihnen doch gesagt, daß ich ihr nichts davon erzählt habe.«

Er stand auf, sah auf die Uhr und ging auf Zehenspitzen in den Flur hinaus. Ich schloß die Augen. Dann spürte ich jemanden neben mir. Ich öffnete die Augen wieder. Es war Lola.

»Walter.«

»Ja. Hallo Lola.«

»Es tut mir furchtbar leid.«

»Mir geht's schon wieder besser.«

»Ich habe nicht gewußt, daß Nino wußte, was zwischen uns beiden war. Er muß es irgendwie erfahren haben. Er hat es nicht so gemeint. Aber er hat eben – ein hitziges Temperament.«

»Liebst du ihn?«

»...Ja.«

»Das wollte ich nur wissen.«

»Es tut mir leid, daß du dich jetzt so fühlst.«

»Schon gut.«

»Darf ich dich um etwas bitten? Etwas, zu dem ich eigentlich gar kein Recht habe?«

»Was ist es denn?«

»Daß du nicht gegen ihn klagst. Daß du nicht gegen ihn aussagst. Das mußt du doch nicht, oder?«

»Ich werde es nicht tun.«

»Manchmal liebe ich dich beinahe, Walter.«

Sie saß da und schaute mich an und neigte sich plötzlich über mich. Rasch wandte ich den Kopf ab. Sie wirkte verletzt und saß noch lange da. Ich schaute sie nicht an. Jetzt kam doch noch eine Art Friede über mich. Ich wußte, daß ich sie nicht haben konnte, daß ich sie nie hätte haben können. Ich könnte das Mädchen nicht küssen, dessen Vater ich getötet habe. Als sie an der Tür war, verabschiedete ich mich von ihr und wünschte ihr alles Gute. Dann kam Keyes zurück.

»Ich bin mit der Erklärung einverstanden, Keyes.«

»Es ist das Beste.«

»Bin mit allem einverstanden. Danke.«

»Sie sollen sich nicht bei mir bedanken.«

»Mir war gerade danach.«

»Sie haben keinen Grund, sich bei mir zu bedanken.« Er sah mich merkwürdig an. »Ich glaube nicht, daß die sie kriegen, Huff. Ich glaube – na ja, kann sein, daß ich Ihnen in diesem Punkt einen Gefallen tue. Vielleicht ist es Ihnen so lieber.«

14

Was Sie gerade gelesen haben – wenn Sie es gelesen haben – ist die Erklärung. Ich habe fünf Tage dazu gebraucht, aber am Donnerstag nachmittag war ich dann schließlich soweit. Das war gestern. Ich ließ es durch den Krankenpfleger per Einschreiben aufgeben, und gegen fünf Uhr kam dann Keyes, um den Beleg abzuholen. Wahrscheinlich ist es mehr geworden, als er erwartet hat, aber ich wollte alles aufschreiben. Vielleicht wird sie es irgendwann lesen und dann nicht mehr so schlecht von mir denken, wenn sie versteht, wie alles kam. Gegen 19 Uhr zog ich mich an. Ich fühlte mich schwach, konnte aber gehen. Nachdem ich eine Kleinigkeit gegessen hatte, rief ich ein Taxi und fuhr zum Hafen. Ich ging gleich zu Bett und blieb dort bis heute am frühen Nachmittag. Dann hielt ich es nicht länger allein in der Kabine aus und ging an Deck. Ich setzte mich in meinen Stuhl und sah zur mexikanischen Küste hinüber, die wir gerade passierten. Dabei hatte ich aber das komische Gefühl, daß ich nirgends hinfuhr. Ich mußte dauernd an Keyes denken, warum er mich an jenem Tag so angesehen hatte und was seine Worte wohl bedeutet hatten. Dann wurde es mir plötzlich klar. Ich hörte nämlich, wie in dem Stuhl neben mir jemand nach Luft schnappte. Und noch bevor ich hinschaute, wußte ich, wer es war. Ich wandte mich um. Es war Phyllis.

»Du?«

»Hallo, Phyllis.«

»Dein Keyes – das ist ja ein richtiger Heiratsvermittler.«

»O ja. Er hat eine romantische Ader.«

Ich musterte sie. Seitdem wir uns das letzte Mal gesehen hatten, war ihr Gesicht eingefallen, und um die Augen hatte sie lauter kleine Fältchen. Sie gab mir etwas in die Hand.

»Hast du's schon gesehen?«

»Was ist das denn?«

»Die Schiffszeitung.«

»Nein, noch nicht. Ich glaube, es interessiert mich auch nicht.«

»Da steht es drin.«

»Was steht da drin?«

»Das von der Hochzeit. Lola und Nino. Um die Mittagszeit kam es auch im Radio.«

»Ach, die beiden haben also geheiratet?«

»Ja, muß ziemlich aufregend gewesen sein. Mr. Keyes hat die Rolle des Brautvaters übernommen. Jetzt sind sie nach San Francisco in die Flitterwochen gefahren. Deine Firma hat Nino einen Bonus gezahlt.«

»Also dann ist es jetzt wohl allgemein bekannt. Das mit uns.«

»Ja, alles. Gut, daß wir unter verschiedenen Namen hier sind. Ich habe gesehen, daß es beim Mittagessen alle Passagiere gelesen haben. Es ist eine Sensation.«

»Du scheinst dir aber keine Sorgen zu machen.«

»Ich habe gerade an etwas anderes gedacht.«

Sie lächelte das süßeste, traurigste Lächeln, das Sie je gesehen haben. Ich dachte an die fünf Patienten, die drei kleinen Kinder, Mrs. Nirdlinger, Mr. Nirdlinger und mich. Es schien fast unmöglich, daß ein Mensch, der so nett sein konnte wie sie, wenn sie nur wollte, all das getan haben sollte.

»An was hast du denn gedacht?«

»Wir könnten verheiratet sein, Walter.«

»Ja, das könnten wir. Und was dann?«

Ich weiß nicht, wie lang wir danach dagesessen und aufs Meer geschaut haben. Dann fing sie wieder an. »Wir haben nichts mehr vor uns, Walter, oder?«

»Nein. Nichts.«

»Ich weiß nicht mal, wohin wir fahren. Du?«

»Nein.«

»... Walter, jetzt ist es soweit.«

»Was meinst du damit, Phyllis?«

»Daß ich meinem Bräutigam begegne. Dem einzigen, den ich je geliebt habe. Eines Nachts werde ich über Bord fallen, vom Heck des Schiffes. Und dann werde ich spüren, wie seine eisigen Finger immer tiefer in mein Herz dringen.«

»Ich werde dein Brautvater sein.«

»Was?«

»Ich wollte sagen: Ich gehe mit dir.«

»Mehr bleibt uns nicht mehr übrig, oder?«

Keyes hatte recht gehabt. Ich brauchte ihm für nichts zu danken. Er hatte nur dem Staat die Kosten erspart, mich einzufangen.

Wir liefen über das Schiff. Ein Matrose schrubbte die Abflußrinne außerhalb der Reling. Er war nervös, und er ertappte mich dabei, wie ich ihn ansah. »Da ist ein Hai. Er schwimmt hinter dem Schiff her.«

Ich versuchte, nicht hinzuschauen, konnte aber nicht anders. Im Grün des Wassers sah ich etwas Schmutzigweißes aufblitzen. Wir gingen zu den Stühlen an Deck zurück.

»Walter, wir müssen warten. Bis der Mond aufgeht.«

»Ist wohl besser, wenn der Mond scheint.«

»Ich will diese Rückenflosse sehen. Diese schwarze Rükkenflosse. Wie sie im Mondlicht das Wasser zerteilt.«

Der Kapitän weiß, wer wir sind. Das habe ich ihm angesehen, als er vor kurzem aus dem Funkraum kam. Es muß heute nacht geschehen. Sicherlich läßt er uns bewachen, bevor er Mazatlan anläuft.

Es hat wieder zu bluten begonnen. Innerlich, meine ich, wo die Kugel die Lunge gestreift hat. Nicht heftig, aber ich spucke Blut. Ich muß dauernd an diesen Hai denken.

Ich schreibe dies in meiner Kabine. Es ist halb zehn abends. Sie macht sich in ihrer Kabine bereit. Sie hat sich das Gesicht kreideweiß geschminkt, mit schwarzen Ringen unter den Augen und Rot auf Lippen und Wangen. Sie trägt dieses rote Ding. Es sieht furchtbar aus: einfach ein großes Stück rote Seide, das sie um sich herumwickelt, da es aber keine Armlöcher hat, sehen ihre Hände wie Stümpfe aus, wenn sie sie bewegt. Sie erinnert an das, was in der Ballade vom Ancient Mariner an Bord des Schiffes kommt und um Seelen würfelt.

Ich habe nicht gehört, wie sie die Tür geöffnet hat, aber jetzt ist sie neben mir, während ich schreibe. Ich spüre sie.

Der Mond.